Siempre en modo positivo

JOSÉ RODRIGUES

COPYRIGHT

TABLA DE CONTENIDO

AGRADECIMIENTOS

Creo que la vida vale la pena de ser experimentada en función de la cantidad de alegría que podemos traer a nosotros mismos y a los que nos rodean.

Este proyecto es el resultado de un primer paso a la liberación de mis ideas acerca de la administración en general y la gestión de equipos, en particular. Estas ideas se han consolidado en los últimos veinte años de experiencia profesional, en contacto con distintas realidades y entornos: en diferentes empresas, en el contexto del liderazgo directo de equipos, en entornos de formación e integración de equipos de debate constructivo, en la búsqueda de soluciones prácticas.

Además de la experiencia profesional de la vida cotidiana, aprendí mucho (y continuo aprendiendo) de diversas fuentes, tales como libros, seminarios, sitios en línea, los compañeros y debate amistoso que me llevó a reflexiones importantes y profundas. Les agradezco a todos.

Al largo de mi viaje, a veces, he sacrificado un tiempo en familia a favor de mi dedicación al estudio.

Podemos racionalizar mucho acerca de la rentabilidad de nuestra actividad profesional, pero esto no es lo más importante para traer alegría a nosotros. Me encontré con que si quiero llevar alegría a mí mismo tengo que empezar por traer alegría a la gente que más me gusta.

Doy las gracias a mis padres por todo lo que me han dado, pero principalmente les agradezco las enseñanzas, el apoyo y el amor.

Las palabras más importantes de este libro van a mi esposa y mis hijos.

Mi esposa fue (y es) mi mejor elección de siempre. Es la persona a quien le debo la vida construida juntos.

Nuestros niños son la luz y la alegría de mi vida.

Agradezco toda la paciencia y comprensión que amablemente me han regalado.

1.0 INTRODUCCIÓN

En nuestra vida, la creación y el mantenimiento de los contextos positivos es un desafío permanente.

El ser humano nace con la capacidad total en un estado latente. Los primeros momentos de la vida se caracterizan, principalmente, por la observación de todo lo que nos rodea, y para el aprendizaje permanente, sin hacer juicios de valor.

Poco a poco, las habilidades individuales de cada persona están siendo desarrolladas y alcanzan diversos grados de excelencia. Los que primeramente se ofrecen las experiencias que estimulen sus capacidades más altas, emergen a principios de los niveles de esquema. Los que saben que tienen las capacidades, y las potencian aún más a través del trabajo y dedicación, alcanzaran niveles aún más altos de rendimiento.

Las experiencias sólo son experiencias, por sí mismas, no son positivas o negativas.

Las experiencias son positivas o negativas, es cuando las valoramos como tal.

Los experimentos siempre se consideran positivos cuando hay sorpresa, provocando una sensación de bienestar. ¡EXCELENCIA implica SORPRESA!

Ser excelente implica, necesariamente, tener la capacidad de sorprender al alza.

El propósito de este libro es proporcionar a los responsables de la gestión de una organización de un mecanismo sencillo, estructurado y metódico que les permite aprovechar la creatividad de sus equipos, el único vehículo con el fin de alcanzar la excelencia.

Conceptos clave

Se propone la búsqueda de la excelencia a través de la utilización sistemática, por los principales de la compañía, de tres conceptos clave:

A busca pela Excelência é proposta pelo líder da empresa, através do uso sistemático de três conceitos chave:

- Equipo
- Soporte estructurado de información
- Simplificación centrada

Cada uno de estos tres conceptos se explicará brevemente y posteriormente se detallará en la siguiente sección.

Al final, la evidencia sobre la eficacia de este método será evaluada por el lector. Busca incrementar el estado general de la empresa, con repercusiones positivas para los niveles colectivos e individuales, que se extienden fuera de la organización, ¡simplemente sorprendiendo!

Equipo

Una organización de excelencia debe tener la capacidad de moverse desde el colectivo hasta lo individual, y desde el individual hasta lo colectivo, ya sea en el interior o en su relación con todo lo que la rodea.

El ser humano se desarrolla en un vínculo íntimo, entre lo racional y lo emocional.

Asistir estrechamente a los aspectos racionales y emocionales es un desafío constante en el mundo de hoy, para los profesionales y las empresas de toda industria.

EQUIPO	
RACIONAL	EMOCIONAL
Estrategia	Comunicación
Estructura	Compromiso
Ejecución	Ayuda mutua

Figura 1 - Equipo

Si tenemos un equipo de verdad, tenemos una estrecha relación positiva entre los aspectos racionales y emocionales de la organización.

Al nivel racional, el equipo debe tener una estrategia para superar cada problema o dificultad. Creo que sin una estrategia, el objetivo sólo se puede lograr por casualidad.

Una vez elaborada la estrategia, hay que definir la estructura necesaria para que pueda ser implementada.

Por último, saber **qué hacer** y **por qué hacerlo** (estrategia), sabiendo **quien** va a hacer y **cómo** (estructura), partimos a la ejecución.

La ejecución responde a **cuanto** y **cuando** lo hará.

Una organización que no tiene el nivel racional básico, aplicado de manera competente, está condenada al fracaso.

Pero, el hecho de que tienen un desempeño Racional adecuado, en términos de Estrategia y Estructura, por sí mismo, no garantiza una buena Ejecución.

Además de las habilidades técnicas de los artistas, que componen la estructura, necesarias para vencer los obstáculos, sólo con alto nivel emocional se consiguen resultados de excelencia.

La estrategia no se puede aplicar si:

- La comunicación de la estrategia es deficiente;
- La estructura no es receptiva y no está comprometida con su continuación;
- La estructura actual carecer de cohesión, dividida en sus objetivos individuales y poco enrollada en los objetivos colectivos.

Es la combinación de aspectos racionales y emocionales, que permite obtener un excelente rendimiento, con resultados consistentes a largo plazo.

El análisis de estos seis elementos permite extraer conclusiones, de manera objetiva, sobre el desempeño de una organización.

El papel del analista es observar sin hacer juicios de valor. Observar buscando aprender de todo lo que ve, oye y siente, sin hacer juicios de valor. Observar y registrar las observaciones catalogando en los seis puntos cruciales.

La creación de una onda positiva, dentro de la organización, depende de la competencia del responsable al dirigir el equipo, y como es capaz de extender sus operaciones a todos los empleados, multiplicando varias veces sus efectos positivos.

"¡El jefe sólo piensa en los números!"

"¡Las ganancias es el único objetivo de la empresa!"

¿Con qué frecuencia se escuchan frases de esta naturaleza dentro de las organizaciones?

Estas situaciones son sintomáticas de que algo hay que hacer.

La creación de un estado de ánimo positivo, generalizado dentro de una organización, supone la existencia de una sucesión regular de los acontecimientos sorprendentemente positivos para las entidades que están cerca: accionistas, empleados, clientes, proveedores, distribuidores y fans.

Sea cual sea su actividad, si está motivado para lograr excelencia en el desempeño, pregúntese:

1. ¿Tengo una estrategia para alcanzar mi meta?
2. ¿Tengo una infraestructura adecuada para ejecutar mi estrategia?

3. ¿Soy competente en la aplicación de las acciones que conducen al objetivo?
4. ¿Entiendo lo que hay que hacer y por qué? ¿Sé lo que voy a hacer y cuándo? ¿Sé qué número de acciones hay que desarrollar para alcanzar el objetivo? ¿Me Siento cómodo para comunicar mis necesidades y dificultades con las personas ciertas?
5. ¿Realmente estoy decidido a tener éxito en esta tarea??
6. ¿Me doy cuenta de que soy parte de algo más importante que yo y estoy disponible para ayudar y ser ayudado y dar mi contribución al bien común?

¿Mejorar o hacer diferente?

La respuesta a las preguntas conduce inevitablemente a una gran objetividad en los aspectos que se deben mejorar, y en los aspectos que necesitan ser cambiados.

¿Cuándo te rindes?

La estrategia define el objetivo a alcanzar.

Por lo general, respondiendo a las seis preguntas llegamos a la conclusión de que no todo es lo que nos gustaría.

Por ejemplo, mediante el análisis de la cuestión "3", frente a la conclusión de que tenemos deficiencias en la competencia para llevar a cabo una tarea en particular crucial para nuestro éxito, debemos profundizar en la pregunta: "¿Tengo condiciones para, a través de capacitación, formación, o practicar continuamente, alcanzar el necesario nivel de rendimiento?"

Si es así, profundizar un poco más: "Si es así, ¿cuál es el tiempo máximo que acepto, darme a mí mismo, para realizar las mejoras y alcanzar el nivel deseado de rendimiento? ¿Es razonable suponer que yo lo conseguiré en el plazo deseado?".

Si su respuesta es sí, ¡entonces hay que dedicarse de verdad!

Si su respuesta es no a alguna de estas preguntas hay que revisar la estrategia y establecer otros objetivos.

¿Cuándo te rindes? Nunca.

No renunciamos a nosotros mismos. Sólo que cada uno ajustará su estrategia a su mayor capacidad, de manera objetiva, y sólo después de haber reflejado correctamente.

Al equipo se colocan las mismas cuestiones. El equipo tiene que obtener las mismas respuestas.

Si usted es responsable de una organización, es responsable de crear y mantener una onda positiva dentro de su organización.

La onda positiva implica la existencia de una estrategia, una estructura y una ejecución, en una organización donde las personas se comunican y realizan sus tareas con el compromiso y la ayuda mutua.

La onda positiva contagia y sorprende a quien toca a la organización. La onda positiva cierra la alegría en sí misma y no conlleva juicios de valor.

Soporte estructurado de información

Dentro de una organización, creo que la información relevante es el conocimiento intrínseco detrás de ella.

Para que la organización funcione, sus miembros tienen que conocer los demás miembros, tienen que cumplir con las prácticas de la empresa, las normas de convivencia y funcionamiento, y cuál es el apoyo local para recurrir en caso de necesidad. Para tener un buen desempeño, cada miembro debe cumplir con los objetivos de la organización, y ser capaz de comunicar dentro y fuera de la organización, tal como se define por la dirección y en armonía con la cultura de la empresa.

¿Cómo puede existir en un funcionario la íntima sensación de bienestar de pertenecer a la organización, si no sabe a quién dirigirse en caso de necesidad de resolver una dificultad, en el logro de sus objetivos?

Preste atención al diálogo entre Miguel (Vendedor) y su superior:

Viernes, 09h30

Vendedor – Jefe, la orden de ABC fue procesada una vez mas en "Producción" llena de errores!

Director de Ventas – Miguel, ¿cuando se hizo el pedido?

Vendedor – El martes, a las 17.40. Estamos comprometidos a entregar en 48 horas. Hoy es viernes y no estoy listo para concluir la orden a causa de errores en la "Producción".

Director de Ventas – Y ¿qué has hecho para aliviar la situación? ¿Ha llamado a ABC para explicar que la orden no está listo porque habían hecho el pedido al final del día el martes? Tienes que decirle a ellos para hacer la orden pronto!

Vendedor – Nuestra empresa iza la bandera de la entrega en 48 horas, y falla! Y tú quieres que llame el cliente para culparlos por nuestra tardanza? ...

Director de Ventas – Miguel, ¿qué mundo vives? El mundo perfecto no existe y hay errores. Es su tarea de hacerles ver que ellos también tienen la responsabilidad en el sucedido.

Figura 2 - Diálogo

A menudo, las compañías sorprenden por la negativa. Proporcionan experiencias inesperadas, donde el resultado final es una sensación general de malestar.

Proporcionan estas experiencias a sus empleados, sus clientes, sus proveedores y, con tiempo, también a sus accionistas.

Para asegurarse de que el equipo es capaz de funcionar, el líder de la empresa debe asegurarse de que hay un Soporte Estructurado de Información que permite a todos los empleados a comunicarse de manera efectiva y eficiente dentro de la organización. La efectividad implica que la comunicación se utiliza con éxito en la consecución de un objetivo. La eficiencia implica que la comunicación se establece con el menor esfuerzo posible.

En términos generales, podemos agrupar las partes constitutivas de una empresa en cuatro grupos principales: producción, distribución, cobros y post-venta.

Cada uno de estos cuatro grupos tiene su propia constitución interna. Por ejemplo, la "producción" se puede subdividir en "Compras", "Almacén", "Fábrica" y "Expedición".

Además de estos, hay una serie de áreas de intervención inherentes a cualquier empresa, que abarcan todas las actividades de la organización. Por ejemplo: Auditoría, Recursos Humanos, Servicios Legales, Contabilidad / Fiscalidad, Logística, Tecnología de la Información, Control de Calidad, Marketing y Finanzas.

Podemos definir diferentes otras áreas dentro de la organización, pero la necesidad de interacción entre los diferentes departamentos siempre será una constante, que el líder de la empresa debe tener en cuenta.

Por lo general, los problemas son como las pelotas de nieve. Cuanto más dejamos que rueden... ¡más grandes se quedan!

Si un empleado tiene un problema que no puede resolver por sí sólo, y tiene dificultades para encontrar su partido correcto dentro de la organización, la tendencia inevitable será que este problema tendrá importantes consecuencias futuras.

La eficacia y eficiencia de la organización están en riesgo metidas en la ausencia de un mecanismo de apoyo facilitador de la comunicación dentro de la empresa, y, por consecuencia, facilitador del rendimiento individual de los empleados.

Este apoyo se puede organizar, desde la simple observación de las actividades llevadas a cabo por los empleados de la compañía, los productos comercializados y departamentos constituyentes. Desde aquí, identificamos la información básica necesaria, para que la ejecución de cada trabajo sea exactamente según lo recomendado por la dirección de la empresa.

Aunque en general se acepta que este mecanismo de apoyo es esencial para el buen funcionamiento de la empresa, lo cierto es que rara vez existe.

Las empresas cuentan con organigramas, manuales de marketing, manuales de procedimientos, directivas difundidas oportunamente, a los empleados, y las instrucciones enviadas por correo electrónico. La Administración considera, que la información siempre llega a su destino, y considera los empleados responsables por conocer esta información. Las empresas también producen las sesiones de formación interna, que son útiles para aproximar las estructuras y aclarar muchos aspectos, pero son, a menudo insuficientes cuando, en el futuro, el empleado necesita de esas habilidades y no las tiene bien claras.

Esta dispersión de medios, aunque útil para hacer públicos los cambios, es perversa cuando se utiliza la información, principalmente porque hay muchas consultas locales y no hay un sólo soporte que cumpla con toda la información necesaria, que sea instructivo y práctico.

Si nos fijamos en la mayoría de las empresas, la verdad es que llegamos a la conclusión de que sus empleados no tienen un SEI (Soporte Estructurado de Información), es decir, hay falta de un facilitador claro y específico de la comunicación y del apoyo operativo, en la empresa.

Hoy, contamos menos con nuestra memoria, y utilizamos, cada vez más, herramientas de apoyo.

Eso es exactamente lo que hacemos cuando, con vertiginosa facilidad, introducimos una búsqueda en Google y buscamos a la respuesta que necesitamos en las opciones que nos presenta.

La construcción del SEI (Soporte Estructurado de Información) es simple, y se basa en el conjunto de las tareas realizadas por los empleados.

Se obtiene una recopilación de toda la información a través de la realización de una matriz tridimensional, con tantas filas, columnas y profundidades, según sea necesario.

Por ejemplo, podemos tener la siguiente organización:

	Producción	Distribución	Cobros	Post-venta
Línea de productos 1				
Línea de productos 2				
Línea de productos 3				
:				
:				
Línea de productos N				

TRANSVERSO	
Auditoría	
Recursos Humanos	
Servicios legales	
Contabilidad	
Logística	
Computadoras	
Calidad	
Marketing	
Finanzas	

Figura 3 - Tabla bidimensional

Para cada celdilla, se define la profundidad de la información de que se necesita,

	Producción	Distribución	Cobros	Post-venta
Línea de productos 1				
Línea de productos 2				
Línea de productos 3				
:				
:				
Línea de productos N				

. Departamento
. Función
. Responsable
. Empleados / Función / Contacto
. Características técnicas
. Retórica de ventas
. Procedimientos de Marketing
. Procedimientos de cobro
. Procedimientos pos venta
. Procedimientos de compra de materias primas
. Procedimientos de producción
. Documentación de respaldo
. Normas aplicadas
. Competencias delegadas
. Legislación aplicable

TRANSVERSO	
Auditoría	
Recursos Humanos	
Servicios legales	
Contabilidad	
Logística	
Computadoras	
Calidad	
Marketing	
Finanzas	

Figura 4 - Tabla tridimensional 1

tanto para cada producto o línea de productos comercializados, tanto para los departamentos transversales en toda la empresa.

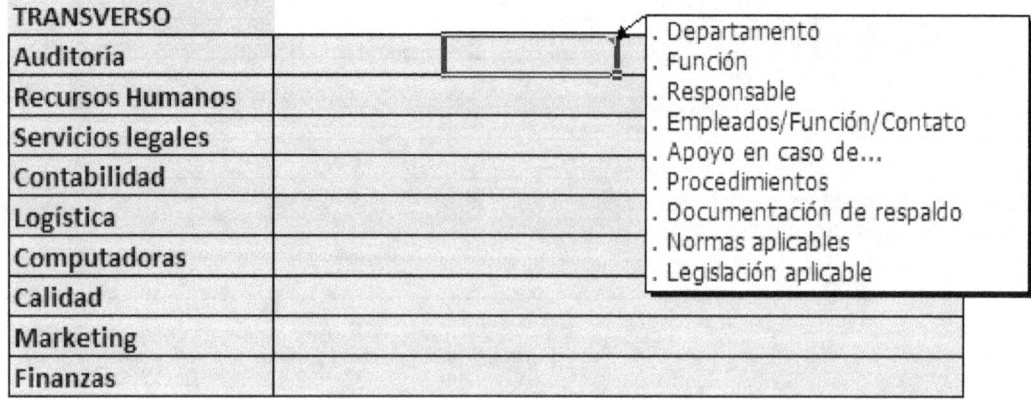

	Producción	Distribución	Cobros	Post-venta
Línea de productos 1				
Línea de productos 2				
Línea de productos 3				
:				
:				
Línea de productos N				

TRANSVERSO	
Auditoría	
Recursos Humanos	
Servicios legales	
Contabilidad	
Logística	
Computadoras	
Calidad	
Marketing	
Finanzas	

. Departamento
. Función
. Responsable
. Empleados/Función/Contato
. Apoyo en caso de...
. Procedimientos
. Documentación de respaldo
. Normas aplicables
. Legislación aplicable

Figura 5 - Tabla tridimensional 2

La separación de la información, inherente a los productos comercializados, es particularmente útil, dada la alta discontinuidad que el producto sufrirá con el tiempo. Lo que se vende hoy tiene poco que ver con los productos que se han comercializado hace cinco años. Pero, muchos de los productos vendidos hace cinco años, aún requieren atención por parte de los profesionales.

¿Qué formato debe tener el SEI – Soporte Estructurado de Información?

¿Digital o de papel? ¿Centralizado o descentralizado?

La respuesta debe ser dada por cada empresa en función de su práctica interna. Deben ser elegidos tantos soportes, cuantos los que sean necesarios para garantizar el acceso de los empleados a la información, en todas las circunstancias de trabajo, lo que hace que funcione como base para una comunicación eficaz dentro de la empresa.

En el próximo capítulo, vamos a profundizar en los aspectos esenciales de este tema: la construcción, implementación, operación y mantenimiento.

Simplificación Centrada

La Simplificación Centrada es un proceso participativo de integración de las personas, y departamentos constitutivos de una organización, que permite ganancias de productividad en las empresas.

Las ganancias de productividad tienen cuatro fuentes:

- Reducción de costos;
- Aumento de la eficiencia operativa;
- Mayor capacidad de innovación;
- Mayor nivel de excelencia, es decir, una mayor capacidad de sorprender al alza.

¿Por qué participan e integran las personas una organización?

ENVOLVER

Participativo => Envuelto

Herzberg y Maslow desarrollaran varios estudios, que han conducido a la comprensión de las motivaciones de los seres humanos.

Aunque los estudios de casos fueran llevados a cabo por separado, ambos han retirado conclusiones similares

La conducta humana está determinada por la búsqueda de la satisfacción de sus necesidades individuales. Estas necesidades varían de persona a persona, ya sea en función de su propia situación (la familia, el apoyo financiero, condición social, etc) o de acuerdo a sus naturalezas individuales (áreas de interés personal, talentos, ambiciones, etc.).

En general, se concluye que no todos valorizamos, con el mismo grado de importancia, determinados factores de motivación, a pesar de que estos factores de motivación pueden ser vistos, por cada uno de nosotros, como siendo positivos.

Entiendo que la conducta humana está determinada por su Tabla de Objetivos, y que esta Tabla de Objetivos consiste en una Pantalla de Motivaciones que, más tarde, se enmarca en un Marco Cultural.

Este enfoque nos permite observar los diferentes comportamientos de las personas con las que nos relacionamos, y sin hacer juicios de valor, primando por una perspectiva de intentar primero entender, y luego ser capaz de ayudar o pedir ayuda, con el más alto grado de eficacia que nos es posible lograr.

TABLA DE OBJETIVOS

PANTALLA DE MOTIVOS

. Dinero
. Poder
. Reconocimiento
. Realización personal
. Seguridad
. Placer
. Independencia/Autonomía

MARCO CULTURAL

. Lo que usted cree

. Hábitos, prácticas y tradiciones

Figura 6 - Tabla de objetivos

En definitiva, entender las creencias de las personas con quiénes nos relacionamos y entender el porqué de sus hábitos, prácticas y tradiciones, es la clave para ser capaz de impulsar sus motivaciones individuales, para el beneficio del colectivo.

Para crear un proceso envolvente de integración de las personas, y departamentos que conforman la organización, necesitamos partir de lo individual a lo colectivo, entendiendo las motivaciones individuales de las personas que integran la organización, para que el aporte individual se convierta en un deseo de cada uno.

El colectivo es el resultado de la relación que se establece entre los individuos que constituyen la organización.

Para hablar de conexión tenemos que hablar de proximidad.

Cuando hablamos de proximidad, inevitablemente llegamos a una distancia menor entre las personas. La distancia más corta conduce a una mayor capacidad de comprensión, e implica una conexión física, racional y emocional.

La conexión física se establece por la existencia de una distancia más corta entre las partes (mayor facilidad de comunicación y / o contacto), y la existencia de "amarras" (por ejemplo, un contrato de exclusividad).

La conexión racional siempre se consolida por la presencia de mutuo interés en la relación.

La conexión emocional entre las partes significa que hay una mayor empatía, y que esto se acompaña de una mayor comprensión de los actos individuales, y un mayor compromiso con los objetivos comunes.

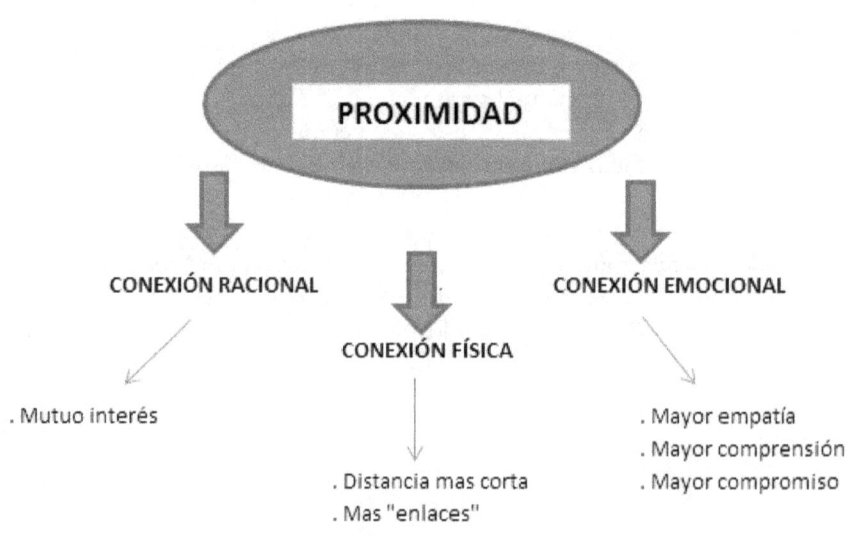

Figura 7 - Proximidad

Crear cercanía, y tomar ventaja de ello, es algo que se hace posible por el proceso de Simplificación Centrada.

Ahora, es importante darse cuenta de la diferencia entre un proceso de Simplificación y un proceso de Optimización.

Búsquedas hicieron posible encontrar los siguientes ajustes:

Simplificación: la eliminación de obstáculos burocráticos, procesos, procedimientos, rutinas o actividades que generan flujos vinculados en la tramitación de los documentos, que no agregan valor al servicio prestado.

Optimización: hacer un proceso más rápido.

Simplificar: Haciendo sencillo o más simple. Haciendo menos complicado. Reducir a su mínima expresión.

Optimizar: Dar a una máquina, una empresa, una acción, etc, el rendimiento óptimo, creando las condiciones más favorables, o tomar la mejor ventaja posible.

Las premisas de las medidas de simplificación son diferentes de las premisas de los procesos de optimización.

Cuando estamos predispuestos para simplificar, suponemos que podemos reducir la complejidad de lo que hacemos.

Cuando estamos predispuestos para optimizar, asumimos que podemos aumentar la producción con lo que hacemos.

Cuando los faraones construyeron las pirámides, una forma de optimizar la producción sería a través de los azotes para que el trabajador transportase más piedras, más pesadas y más rápidamente.

Al mismo tiempo, una forma de simplificar la producción sería a través de la invención de los transportistas con ruedas, que puedan permitir empujar o tirar piedras mayores, y en cada vez más grandes cantidades.

Por lo general, los procesos de simplificación encierran una energía creativa superior a los procesos de optimización.

Es la canalización de la creatividad individual de los empleados de la empresa para el bien común, lo que permite a la organización lograr excelencia en el desempeño, sorprendiendo positivamente aquellos con los que se relaciona: clientes, empleados, proveedores, accionistas, etc…

Para que esta creatividad pueda tener una utilización eficaz, por el líder de la empresa, debe ser manifestada en forma selectiva, centrándose en todos los aspectos relevantes para la organización.

En el próximo capítulo veremos cómo se desarrolla, implementa y como el desarrollo de este proceso de Simplificación Centrada permitirá unir Racional y Emocional, satisfaciendo en gran medida muchas de las motivaciones individuales dentro de la organización, en una onda positiva que llega a todo.

JOSÉ RODRIGUES

2.0 DESARROLLO

Equipo

Algunos autores definen que el Grupo de Trabajo es un equipo, sólo cuando todos sus elementos renuncian a sus objetivos individuales, en detrimento de los objetivos del grupo.

Este enfoque es demasiado estrecho. Será correcto como un síntoma de la fuerza del grupo, pero no es suficiente para garantizar la coherencia de la actuación del equipo en el tiempo.

El equipo se solidifica, no a causa de sus elementos para que renuncien a sus objetivos individuales, sino por la reordenación de la prioridad que cada elemento ofrece a sus objetivos individuales.

El equipo es más fuerte cuando los miembros del grupo tienen, como principal factor de satisfacción, que ellos son importantes y una parte constituyente de algo más grande que ellos mismos. En consecuencia, sus acciones serán guiadas por la voluntad de perseguir los objetivos del grupo, los cuales son también uno de sus principales objetivos individuales.

Ningún ser humano puede renunciar a su identidad.

ESPECTACULAR

¡Lo que los humanos pueden hacer cuando deciden unir fuerzas!

El equipo es un diamante de unión y brillo, cuando se logran las necesidades individuales y colectivas al mismo tiempo.

Los componentes racionales y emocionales son interdependientes, y determinan la capacidad de rendimiento de la organización.

Ahora, vamos a detenernos en estas cuestiones fundamentales, en una invitación a la reflexión y a la profundización de los conocimientos, que permiten que un grupo de trabajo se pueda transformar en un Equipo de verdad.

2.1 ESTRATEGIA

Estrategia

La estrategia es una de las palabras más repetidas en la vida cotidiana, y, quizás, uno de los conceptos más difíciles de reunir un consenso sobre su significado.

En su forma más simple, responde a las preguntas "¿Por qué?" y "¿Qué?" o "¿Por qué lo hacer?".

Es el primer elemento de la construcción del componente racional de un equipo, porque aquí es donde se define el propósito del equipo, su razón de ser, su razón de la acción y su plan de acción.

La estrategia determina el futuro del equipo, cuando determina la razón de su constitución. A continuación, define los objetivos a alcanzar y determina los medios para lograrlo.

Un equipo sin una estrategia es un grupo de trabajo que no sabe cómo utilizar los recursos a su alcance, para lograr los objetivos deseados.

Pero, el concepto de estrategia es más profundo que el que se señala más arriba.

En el libro "El arte de la guerra", Sun Tzu abogó por que la estrategia militar debe cumplir cuatro principios básicos: la definición del lugar de la batalla, la organización de los recursos, la aplicación de medidas para atacar y la gestión de contingencias.

Sun Tzu dijo: "Todos los hombres pueden ver la táctica mediante la cual conquisto, pero lo que nadie puede ver es la estrategia de la que se obtienen grandes victorias".

Táctica y estrategia se confunden a menudo como sinónimo, pero la realidad es que la táctica simplemente explica el movimiento de los recursos (o disposición de las fuerzas sobre el terreno), y es sólo una parte de la estrategia.

Sun Tzu determinó inmediatamente que el pensamiento estratégico precede las tácticas.

Existen múltiples definiciones de la estrategia:

"Estrategia es el estándar de los objetivos, propósitos o metas y las políticas principales y los planes para conseguir estos objetivos, establecidos con el fin de definir en qué negocio es la compañía y el tipo de empresa que es o será."

Learned, Christensen, Guth

"La estrategia es un conjunto de reglas y la toma de decisiones en condiciones de ignorancia parcial. Las decisiones estratégicas se refieren a la relación entre la empresa y su ecosistema." Ansoff

"La estrategia corporativa es el estándar de decisiones en una empresa que determina y revela sus objetivos, propósitos o metas, produce las principales políticas y planes para el logro de esos objetivos, y define la gama de negocios que la empresa persigue, el tipo de organización económica y humana que pretende ser, y la naturaleza de la contribución económica y no económica que se proponga introducir en sus accionistas, empleados, clientes y comunidades."   Kenneth Andrews

"La estrategia es un plan unificado, amplio e integrado que relaciona las ventajas estratégicas con los desafíos del medio ambiente. Está diseñado para asegurar la consecución de los objetivos básicos de la empresa."   Jauch e Glueck

"La estrategia competitiva son acciones ofensivas o defensivas para crear una posición defendible en una industria para hacer frente con éxito a las fuerzas competitivas y así conseguir un mayor retorno de la inversión."   Michael Porter

"Estrategia se refiere al conjunto de criterios de decisión definidos por el núcleo estratégico para orientar las actividades de manera decisiva y duradera y la configuración de la empresa."   Martinet

El concepto de estrategia se vuelve aún más complejo, ya que su uso tiene muchas realizaciones. Tenemos la estrategia de negocio, estrategia de mercado, estrategia de marketing, estrategia de recursos humanos, estrategia de ventas, estrategia de poder, la estrategia ambiental y muchas otras.

El hecho es que la Estrategia debe preceder a cualquier decisión de negocios racional, y la decisión precede la acción.

El líder de una organización debe tener presente su propia definición de estrategia. Porque creo que la simplificación aporta objetividad a la reflexión del lector, les dejo mi propia definición de estrategia:

"Estrategia es el conjunto de ideas y objetivos que culmina en la definición de un plan de acción."

Teniendo en cuenta esta consideración, ¿cómo podemos concluir si una organización tiene la estrategia?

Una organización tiene efectivamente una **estrategia** cuando todos los elementos son capaces de responder, con prontitud, a las siguientes preguntas:

- **¿Quiénes somos?**
- **¿Qué pretendemos obtener?**
- **¿Cuál es la situación?**
- **¿Cuál es nuestro plan?**

La respuesta a estas preguntas, por sí misma, no significa que hay una estrategia implementada en la empresa, sino el hecho de que **todos** los elementos responden al **unísono** a las preguntas, puede ser muy revelador.

La respuesta única a las preguntas por todos los elementos que componen la organización permite anticipar que todos responden afirmativamente a la pregunta "¿Sabes por qué hacerlo?".

Y, probablemente, las acciones necesarias para alcanzar los objetivos fijados, se están desarrollando según lo planeado.

Tanto el análisis y la formulación de estrategias tienen mucho que ver con la situación en la que se pretende que resulten bien. Hay varias escuelas de pensamiento, cuyo origen y marco estratégico se modifican en función de su realidad, y en relación con el tiempo y el propósito de la formulación de estrategias.

Cada organización tiene una realidad interna específica, que dicta como se analizan los datos y se formula su estrategia.

En la formulación de estrategias, hay principios fundamentales que deben estar presentes:
1- Rentabilidad de los recursos disponibles
2- Crear y aprovechar las oportunidades
3- Fortalecimiento de la capacidad de supervivencia

Es crucial que el liderazgo de la empresa sea consciente de que no se puede tener un Equipo sin tener una Estrategia.

Para el Equipo, la Estrategia es el primer elemento racional que trata de alinear las motivaciones y articular las acciones.

¿Quiénes somos?

Visión, Misión, Valores
Habilidades, Recursos materiales
Fortalezas, debilidades

¿Quiénes somos?

Visión, Misión, Valores

Hoy, la mayoría de las empresas se presentan al mundo anunciando su "Visión", su "Misión" y sus "Valores".

Por lo general, el término "Visión" es lo que la empresa comunica que le gustaría de posicionarse en el futuro. ¡"Visión" es lo que la empresa cree que es su destino!

Se entiende la "Misión", como la razón de ser de la empresa. ¿Por qué y para qué existe la organización? ¿Qué va a hacer?

Se anuncian a sí mismos los "Valores" como un conjunto de principios, creencias y orientaciones que guían la organización, y se practican continuamente. Los valores realmente obtenidos son importantes para la implementación exitosa de la estrategia. Los valores anunciados no son de gran importancia. Los valores percibidos por los empleados, los clientes, los proveedores y los accionistas, son ellos que determinan como cada uno actúa en la organización. Y son éstos los que deben estar presentes cuando la dirección de la empresa responde a la pregunta.

Y las preguntas clave son: "¿Qué valores se asignan en?", "¿Qué valores queremos nos sean asignados?". Cuestiones cuyas respuestas son cruciales para crear la alineación emocional, dentro de la organización. Determinen la cultura de la compañía.

Recursos disponibles

La primera, y más importante, característica a considerar son las habilidades. ¿Qué sabe la empresa hacer?

La construcción de la estrategia debe tener en cuenta las habilidades existentes, así como las destrezas latentes potenciales.

Habilidades existentes deben ser explotadas por el liderazgo de la compañía, en su plenitud.

Los poderes latentes deben ser considerados y alimentados para que puedan florecer.

Asistir el potencial de las habilidades, implica buscar las habilidades que la organización no tiene, pero que se pueden conseguir en el exterior, sea reclutando a la gente, ya sea mediante la contratación de servicios, celebrando alianzas y / o asociaciones.

Por último, debe satisfacer con los recursos materiales, porque éstos definen la frontera límite para las acciones a desarrollar por la organización.

Fortalezas, Debilidades

Identificar las fortalezas y debilidades de una organización es un tema muy amplio, complejo e importante.

El tema es amplio debido a que los puntos de fuerza, o debilidad, se detectan en función de la perspectiva que se tiene. Desde la perspectiva de los clientes, una compañía de bajo costo se puede llevar la ventaja del producto a bajo precio, y la desventaja de que hay la percepción de una calidad inferior. En las perspectivas financieras, a la misma compañía puede ser nombrado un punto débil por un volumen más bajo de ingresos (precio bajo), y un punto fuerte por la venta con bajo costo de producción (aún que de menor calidad).

La percepción de la fuerza relativa de un punto, depende directamente de la percepción de la fuerza relativa del comparador. Es aquí donde se añade un elemento de complejidad: el oponente.

Independientemente de la perspectiva, el liderazgo de la organización debe distanciarse de diferentes perspectivas, e identificar el posicionamiento interno frente a los objetivos que idealizan (fortalezas y debilidades de las competencias y los recursos materiales), y su posicionamiento en contra del oponente y el cliente de destino (oportunidades y amenazas que ofrece el exterior).

Identificar con exactitud y de forma global las fortalezas y debilidades de la empresa es, a menudo, una tarea hercúlea, pero es una línea de pensamiento estratégico que debe estar presente en la organización, para no perder la capacidad de anticipar a los oponentes, y limitar nuestra capacidad de superación ante el cliente.

> ### ¿Qué pretendemos obtener?
> Objetivos a alcanzar
> ¿Cuándo?
> ¿En qué cantidad?

¿Qué pretendemos obtener?
Objetivos a alcanzar

Por lo general, hay una multiplicidad de objetivos que las empresas tratan de lograr, en las acciones que desarrollan.

Los objetivos macro, objetivos principales dianas de las acciones desarrolladas por la empresa, pueden ser de varios tipos.

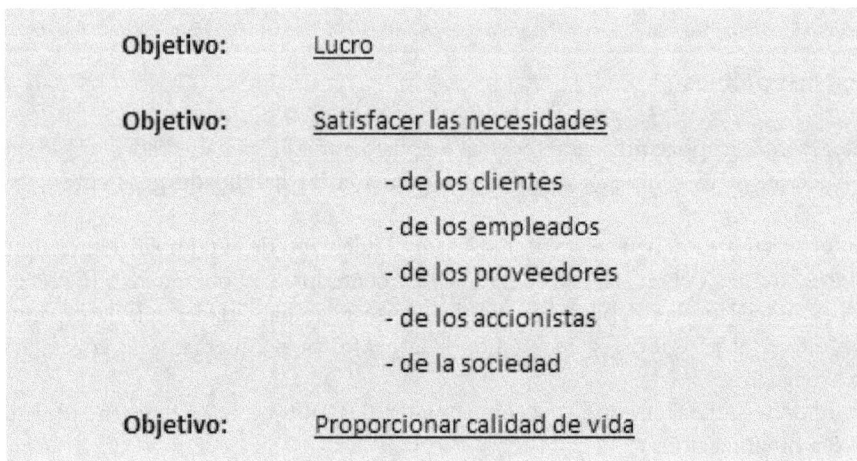

Objetivo: Lucro

Objetivo: Satisfacer las necesidades

- de los clientes

- de los empleados

- de los proveedores

- de los accionistas

- de la sociedad

Objetivo: Proporcionar calidad de vida

Figura 8 - Objetivo racional

Saber lo que queremos obtener, es un paso más hacia la formulación de la estrategia. Identificamos quienes somos. Definimos, ahora, lo que queremos obtener y evaluar si la ambición es consistente con las capacidades que tiene la organización, tanto en términos de habilidades, tanto en lo relativo a los recursos materiales disponibles.

Mientras más camine a la baja en la escalera de objetivos, mayor será la capacidad de la dirección para agrupar todos los elementos, a lo rededor de los grandes objetivos estratégicos de la organización.

Saber lo que pretendemos obtener, es quizá la más difícil tarea del líder de la empresa.

Aunque parece que sabemos lo que queremos, esto no es así en la gran mayoría de las veces que pensamos en ello.

Objetivo:	Inspiración
Objetivo:	Esfuerzo
Objetivo:	Ayuda mutua

Figura 9 - Objetivo emocional

El líder de una organización, a menudo, se enfrenta a la necesidad de tratar de combinar los intereses de las diversas perspectivas (perspectiva de los accionistas, perspectiva del cliente, perspectivas de los empleados y / o perspectivas financieras, perspectiva de negocios, punto de vista técnico, perspectiva legal), y por lo general hay una tendencia para que el líder de la empresa asigne una preferencia personal a ciertas perspectivas sobre otras.

Por último, para agravar la dificultad, querer satisfacer todas las perspectivas simultáneamente es algo que estará tan cerca de la ilusión... ¡como del éxito!

SOLUCIÓN

Entender el problema

Simplificar vuelve particularmente útil cuando tenemos que alinear el pensamiento estratégico.

A partir de la respuesta dada a la pregunta "¿Quiénes somos?", conscientes de nuestra visión, nuestros valores, nuestra misión, los recursos disponibles y de nuestras fortalezas y debilidades, es más fácil identificar un conjunto central de objetivos para lograr, lo que consideramos realizable, en un tiempo determinado.

A continuación, identificamos las dificultades que se presenten en la consecución de estos objetivos clave y buscamos comprender la causa de la existencia de estos obstáculos.

Entender el problema es esencial para encontrar la solución.

Una complejidad adicional tiene que ver con la resistencia individual y colectiva. Si definimos un objetivo próximo, esto es probable que sea superado. Si definimos una meta percibida desde el principio como inalcanzable, se hace aún más difícil de lograr.

Para vencernos debemos tener la ambición de ir más allá. Tenemos la ambición de subir al cielo, ¡con independencia de dónde se encuentra el cielo!

Debemos estar dispuestos a dar nuestro mejor esfuerzo para llegar allí.

Eso significa trabajar duro y de manera competente. Eso también significa hacerlo respetando nuestro equilibrio y el equilibrio que nos rodea.

Al responder a la pregunta "¿Qué queremos obtener: objetivos, cuándo y en qué cantidad?" el líder de la organización irá dirigir las acciones de todos para lograr estos objetivos, en un plazo determinado.

Los resultados son cruciales como una medida del éxito de la organización.

"El talento ayuda, pero no nos lleva tan lejos como la ambición."   Paul Arden

El éxito colectivo sólo se logrará cuando cada elemento de la organización lo percibe como parte de su éxito individual.

Los resultados son el alimento de la onda positiva.

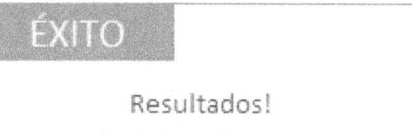

¿Cuándo? ¿En qué cantidad?

La definición de los objetivos previstos es crucial para dirigir los esfuerzos de los empleados, para monitorear el progreso del negocio en el tiempo, y para tener una base de motivación práctica.

Decir que somos capaces de saltar más alto no es suficiente para saber si podemos ir por encima del muro.

Después de pasar la primera pared, es un reto saltar una pequeña pared superior.

Desde que aceptados, los retos siempre son una fuente de motivación para toda la organización. La verdadera dificultad es hacer cada individuo entender el reto colectivo, como siendo suyo individualmente.

Completado con éxito este paso, el siguiente paso es lo promover del apoyo mutuo entre los miembros de la organización, en el logro de objetivos.

"¿Cuándo y cuánto?", habrá una respuesta al alza por la organización, sólo si están definidos desde el principio.

¿Cuál es la situación?

El liderazgo y el enfoque

Organización y método

El manejo de contingencias

¿Cuál es la situación?

El liderazgo y el enfoque

Es necesario comprender la realidad en la que la sociedad evoluciona todos los días.

La primera mirada del líder de la empresa tiene que caer sobre sí mismo, y en su equipo de gestión.

La gestión consiste en cuatro funciones básicas: planificar, organizar, dirigir y motivar.

Teniendo en cuenta las funciones de la gestión, ¿el liderazgo de la compañía es eficaz?

¿Hay una acción inmediata positiva por los empleados, en respuesta a los estímulos proporcionados por la dirección de la compañía?

¿Cuál es el clima organizacional?

¿Cuál es la cultura de la empresa?

La capacidad de la organización para implementar una estrategia en particular, está necesariamente condicionada por la capacidad de los líderes de la empresa, de influenciar los empleados.

El líder de una empresa, con una estructura organizacional más vertical, tiene mayor dificultad en hacer llegar un mensaje a todos los empleados. En una empresa, con un organigrama ligero y horizontal, el líder de la organización hará llegar su mensaje más fácilmente. El número de jerarquías dentro de la empresa determina la capacidad de acción del líder, y aumenta su dificultad para comprender el enfoque de la organización en la consecución de los objetivos estratégicos.

La forma en que el líder influye en toda la organización es algo que se debe considerar, cuando se trata de la formulación de estrategias.

La articulación de los elementos de la organización, en conjunto, es relevante en los niveles racionales y emocionales.

En una frase, Frances Frei y Ann Morriss ("Uncommon Service" - How To Win by Putting Customers at The Core of Your Business) destacan la importancia de la cultura organizativa.

"La cultura no sólo te dice qué hacer, te muestra como pensar." Frances Frei, Ann Morriss

La acción del líder de la empresa debe ser capaz de definir y dar continuidad a la cultura de la empresa y, en función de su evaluación, darse cuenta que o qué estrategias pueden dar mejores respuestas, cuanto al camino a elegir para el futuro.

En caso de necesidad, ¿con qué facilidad el liderazgo de la compañía anuncia un cambio de estrategia?

¿Con qué facilidad se implementará este cambio de estrategia?

Sin importar el clima organizacional, el tipo de establecimiento existente o la cultura de la empresa, es importante responder a estas dos preguntas, ya que es esta la respuesta que le permite dirigir las decisiones estratégicas, de acuerdo con la realidad y el potencial de la organización.

Organización y método

Si preguntamos al responsable por un grupo de trabajo, si cree que su compañía cuenta con la organización y el método, probablemente responderá que estás a salvo en eso.

En la misma compañía, si preguntamos lo mismo a un trabajador de la base jerárquica, probablemente responderá que hay deficiencias.

El oficial debe preguntarse si la actividad de la empresa se basa en procesos bien definidos, metódicos y suficientemente amplios, para poder responder a las solicitudes que puedan presentarse.

El empleado, que se encuentra en la parte inferior de la jerarquía, debe cuestionar si las deficiencias que identifica en la organización de la empresa se deben exclusivamente a la dirección, o ¿hay algo que pueda hacer para mejorar la situación?

La responsabilidad de su desempeño individual es algo que todos deberían sentir. Todos influyen en el rendimiento de la organización.

Pero, el rol de planificar y definir las líneas estratégicas de la compañía es responsabilidad del liderazgo.

Tener en cuenta si la empresa carece de acciones profundas, en la organización interna, es otra responsabilidad del líder.

Entiendo que el líder deberá comprobar:

- ¿Los objetivos propuestos se logran dentro del tiempo definido?
- ¿Hay quejas o sugerencias de mejora? ¿En qué niveles son?
- ¿Hay errores en la ejecución? ¿En qué niveles son?
- ¿Los procedimientos han definido una secuencia lógica, y apropiada para las tareas?
- ¿Se detectan indeseables (por ejemplo, los períodos de tiempo de inactividad, la sobreproducción, el exceso de almacenamiento, el incumplimiento de los plazos, el exceso de residuos, etc)?
- ¿Hay manifestaciones internas de descontento relativas a las dificultades de comunicación?
- A diario, ¿tenemos la capacidad de sorprender?
- ¿Se siente una sensación general de bienestar?

Después de esta reflexión, el líder puede concluir sobre la necesidad de una intervención estratégica, en la organización interna y la posible redefinición de funciones, procesos y prácticas.

El manejo de contingencias

La estrategia de la organización debe incluir la capacidad para enfrentarse, con éxito, a una serie de posibles efectos adversos, a la vez que asegura la capacidad de aprovechar al máximo las circunstancias favorables que puedan surgir.

Entramos en un importante campo de la subjetividad, donde la capacidad del líder para identificar los factores críticos de éxito es crucial.

Para los factores críticos de éxito, el líder examina posibilidades, posiciones y relaciones que pueden existir, surgir o cambiar con el tiempo, y que determinan el éxito de la empresa, en el plazo definido para la Estrategia.

Dependiendo de la naturaleza del negocio y / o actividad, los factores críticos de éxito de la organización tienen limitaciones internas (fondos disponibles, recursos materiales, recursos humanos, conocimientos, etc) y externas (alianzas con la competencia, alianzas entre competidores, poder de negociación con proveedores, los marcos legales, la situación económica mundial, los mercados disponibles, etc.).

Este análisis preliminar permite influir decisivamente en la toma de decisiones, en relación con los actos que aumentan o limitan la capacidad de adaptación de la empresa.

Al mismo tiempo, con una comunicación adecuada dentro de los miembros de la organización, estos sienten que son parte de una estructura que se está preparando para hacer frente a las amenazas y oportunidades que puedan surgir desde el exterior. Su propio desempeño individual es una parte importante en la implementación de las acciones necesarias, para tener éxito en el exterior.

Por ejemplo, para una empresa de tamaño medio, en crecimiento, puede ser crucial recurrir al alquiler de instalaciones en lugar de la adquisición de locales. El alquiler de oficinas le permite tener un costo relativamente bajo, de la adecuación de las instalaciones a su realidad futura. Si el crecimiento continúa siendo una realidad, la empresa puede simplemente alquilar otras plantas más grandes, y mantener sus estándares de calidad de servicio. Por otro lado, al registro de algún declive y verificación de características de instalaciones de gran tamaño para su realidad, queda simple alquilar un nuevo local más pequeño. En cualquier caso, la organización garantiza la flexibilidad de controlar los costos inherentes a sus instalaciones físicas.

En el campo de deportes, el responsable debe ser capaz de preparar el equipo para jugar contra oponentes con diferentes características, en diferentes ambientes y frente a los acontecimientos favorables o adversos, en cada desafío. Creo que las necesidades del campo de negocios son similares y los empleados se sienten valorados individualmente y colectivamente, por formar parte de una estructura fuerte, competente y adecuadamente competitiva.

Cuando la Estrategia proporciona la respuesta a la necesidad de manejo de las contingencias, el Equipo sale más fuerte de forma natural, ya sea por la confianza que se ha depositado en el líder, ya sea en auto-confianza en su propia capacidad colectiva, ya sea al elevar el sentimiento de pertenencia que cada elemento nutrirá en la organización.

¿Cuál es nuestro plan?
Metodología para la planificación de objetivos del proyecto
Balanced scorecard
Lean six sigma

¿Cuál es nuestro plan?

El desarrollo del pensamiento estratégico es un río, que siempre va a fluir hacia la definición de un plan de acción.

Pensar acerca de los aspectos importantes de la organización, tales como la identificación de las posibles amenazas provenientes del exterior, requiere pensar en acciones de contingencia en función de la evolución que estas amenazas puedan registrar. Un plan puede no ser muy complicado, pero podemos escribir algo como "Si esto ocurre, vamos a tomar esta medida.".

Cualquier problema identificado requiere, por lo menos, una acción para ser resuelto. Incluso los sujetos que el tiempo resuelve requieren vigilancia, para asegurarse de que fueron superados.

La definición de la estrategia sólo se completa cuando se establece un plan que consta de objetivos a alcanzar, de metas cuantitativas, acciones a tomar y su calendario. Lo ideal sería que incluiría la evaluación de cumplimiento del plan (monitoreo y seguimiento), y quién en la organización es responsable de las acciones a desarrollar.

Cada elemento de la organización debe ser capaz de responder a la pregunta "¿Cuál es nuestro plan?".

Si el empleado entender por qué hace una determinada tarea comprenderá de suya importancia para la organización, y también será capaz de adaptar su comportamiento de acuerdo a las necesidades colectivas. Su energía individual se canalizará en beneficio del colectivo, de forma dirigida y estructurada.

El plan, es el elemento final en la formulación de la Estrategia.

Es el elemento anterior a su aplicación.

Hay varios métodos para el diseño eficiente de los planes estratégicos.

Metodología de planeamiento de proyectos por objetivos

La MPPO (Metodología de planeamiento del proyecto por objetivos) es una técnica de elaboración detallada de uno o más planes de acción, para la consecución de objetivos claramente definidos.

El enfoque tradicional asume que existe la necesidad de una intervención en un determinado nivel.

En este contexto, la técnica desarrollada se basa en un modelo simple, que se compone de cuatro etapas sucesivas, actuando en el nivel deseado, como se indica a continuación.

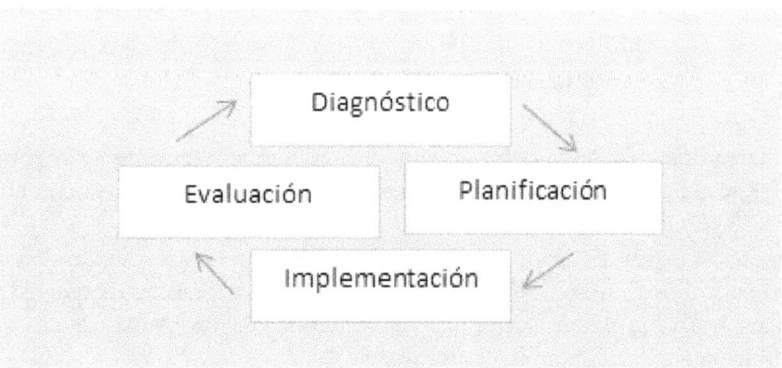

Figura 10 - MPPO, etapas

La MPPO produce seis outputs, que son importantes herramientas de trabajo:
- Árbol de problemas;
- Árbol de objetivos;
- Marco de medidas;
- Marco de actividades por medida;
- Matriz de planificación del proyecto;
- Diagrama de Gantt.

En la etapa de diagnóstico se construirá árboles de problemas y objetivos. En esta metodología, se busca identificar los problemas de fondo, que dieron origen al problema central.

La identificación de los problemas se logra a través de varias herramientas: cuestionario, entrevista y observación.

Siempre debemos recordar algunos aspectos clave para mantener la objetividad en cuanto a la interpretación de los datos:

- Los datos pueden estar sesgados por las circunstancias en el momento de la recogida;

- Las tres herramientas tienen un potencial diferente dentro de sí mismas: la entrevista permite profundizar la realidad; el cuestionario facilita el tratamiento estadístico, y la observación permite la recopilación de información vasta y variada.

El análisis de los registros de las sugerencias y quejas también puede proporcionar información adicional importante.

Una primera dificultad que surge, inevitablemente, en la etapa de diagnóstico es el hecho de que, a menudo, los problemas son presentados por los empleados con base en la medida que ellos perciben que deber ser aplicada.

Por ejemplo, es común oír los vendedores decir "¡El problema es que nuestro producto es demasiado caro!" cuando el problema central, en este caso, estaría en las ventas por debajo del deseado.

¿Por qué se está vendiendo tan poco?

Sería una cuestión que hace necesario profundizar.

Podríamos estar vendiendo menos porque el poder adquisitivo de los clientes se redujo, o debido a que el mercado ya está inundado con productos similares, o debido a que la competencia vende más barato con una calidad similar, o que el producto no cumple con las necesidades de los clientes, etc.

Descargar el precio de venta del producto puede, o no puede, ser una medida para poner en práctica, pero el precio de venta, en sí mismo y por sí mismo, no es un problema para las ventas. El problema de las ventas siempre es si recibe un ingreso menor que esperado.

La noción de la construcción del árbol de problemas se basa en tres pasos:

1. Encontrar el problema central;

2. Identificar otros problemas que contribuyen directa o indirectamente a el problema central;

3. Identificar los problemas de raíz que no tienen ningún problema en su origen, y contribuyen al problema central, u otros problemas intermedios que también contribuyen al problema central.

La formulación del problema debe ser sintética, concreta, y tener una carga negativa. Concreta, porque no puede incluir las sospechas, juicios o suposiciones. Debe tener carga negativa con el fin de identificar, claramente, una situación susceptible de mejora.

La construcción lógica del árbol de problemas requiere que haya cuidado de asegurarse de que un problema no central sólo contribuye a un problema central. Debemos asegurarnos de que el "problema central 1" se deriva de los "Problema 1.1" y "Problema 1.2" y una vez resueltos los "Problemas de raíz 1.1.1, 1.1.2, 1.1.3 y 1.2.1, 1.2.2, 1.2.3 ", el "Problema central 1" también se resolverá.

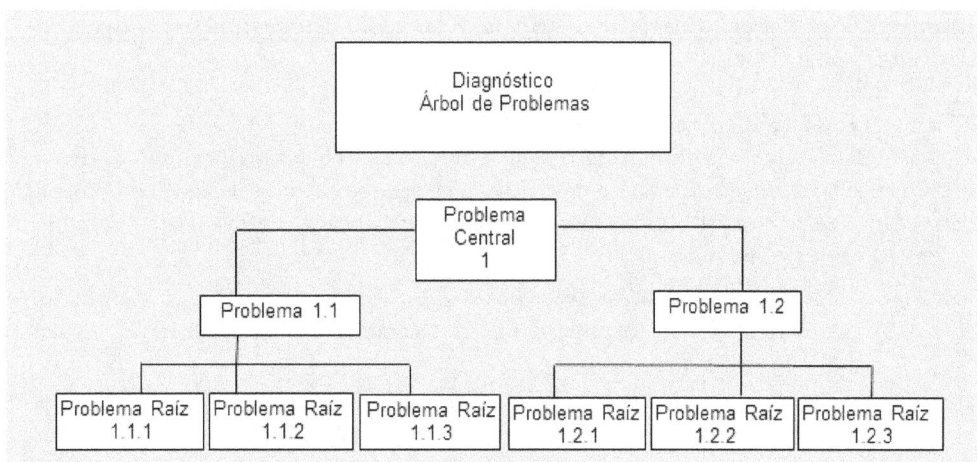

Figura 11 - Árbol de problemas

La construcción del árbol de problemas es muy útil, debido a que la concentración en los problemas de raíz nos hace más objetivos y efectivos, en la solución de los problemas detectados, evitando el desperdicio de recursos para tratar de resolver los problemas intermedios.

La identificación de los problemas centrales también aumenta la objetividad de lo gerente, lo que le permite concentrarse en lo que es realmente importante para la organización, y evitar cualquier distracción que pueda surgir.

Construida la árbol de los problemas e identificados los problemas raíz, empezamos a pensar en cómo resolver estos problemas.

Empezamos construyendo el árbol de objetivos (página siguiente), con la especificación de las situaciones deseadas.

Los objetivos centrales son precedidos por objetivos intermedios, y objetivos iniciales que reflejan los resultados que tienen que comprobar, de manera que se alcance el objetivo central.

Los objetivos iniciales (objetivos 3, 4, 5, 6, 7 y 8) proporcionarán orientación, a la búsqueda de las medidas para resolver los problemas de raíz, y ayudar a cumplir con el objetivo central.

En este ejemplo, los objetivos 1 y 2, son objetivos intermedios, que se derivan de las medidas adoptadas en cumplimiento de los objetivos originales de 3, 4, 5, 6, 7 y 8. Los resultados de los objetivos 1 y 2 se calcularán, para asegurar la robustez de la solución que se está implementando.

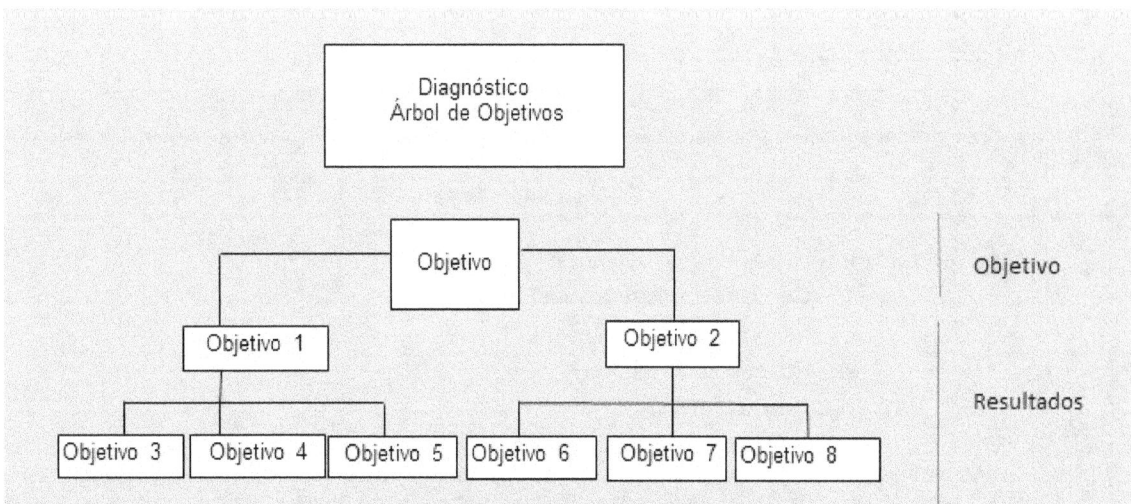

Figura 12 - Árbol de objetivos

El árbol de objetivos se corresponde con la presentación del esquema lógico de resolución de problemas, trabajando como un guía para la identificación de las medidas que deben aplicarse, para alcanzar los objetivos iniciales, resolver los problemas de fondo y, por lo tanto, llegar a la solución del problema central.

Fundamentada en el árbol de objetivos, la etapa de la planificación comienza ahora.

Empezamos por la elaboración de la Tabla de Medidas.

La Tabla de Medidas indicará, para cada objetivo inicial, qué medidas se deben implementar con el fin de conducir a la resolución del problema de raíz.

Las medidas que se adopten deben ser encontradas en grupo, a partir de un conjunto de ideas, con la disección de ellas a través de análisis, haciendo una pre-selección, y llegando a una solución que la organización percibe como la que cumple con los más altos niveles de eficacia y eficiencia en la solución del problema.

Hay tres tipos de medidas:

- Medidas técnico científicas;
- Medidas de organización, de carácter procedimental y orientadas a la mejora del funcionamiento;
- Medidas de desempeño que se centran en los recursos humanos, destinadas a desarrollar habilidades, y mejorar los índices de concentración y la capacidad de decisión.

Cuando hay múltiples intereses dentro de la organización, puede haber dificultades para alcanzar un consenso sobre las medidas a aplicar, y / o respecto de acciones que deben tomarse para implementar cada medida.

La diferencia en las perspectivas que cada elemento de la organización aporta al debate enriquece la gama de posibles soluciones.

El líder de la organización debe ser capaz de enfocar el grupo de trabajo, en el objetivo común de mejorar la situación actual. A partir de aquí, todos deben proceder para restar importancia a los intereses divergentes, en favor de los intereses comunes, lo que permite al grupo alcanzar los niveles más altos de la creatividad y el compromiso con las medidas establecidas.

Las medidas son la solución encontrada por la organización.

Tabla de Medidas

Medidas	Problema 1	Problema 2	Problema 3	Problema 4	Problema 5	Problema 6
Colocación de...	***					
Establecimiento de...		**	**			
Estudio sobre...		**			*	
Adquisición de...				***		
Formación de...						**
...						**

*, **, *** Representen en la matriz la importancia de la medida para resolver el problema.

Figura 13 - Tabla de medidas

Decisión tomada, debemos tomar acciones:

- ¿Cómo se implementarán las medidas?
- ¿Quién va a hacer qué?
- ¿Cuándo se va a hacer?
- ¿Cuánto cuesta?

La preparación de las tablas de actividades por medida permite responder a estas preguntas.

Pueden y deben ser enriquecidas, con la información relativa a los resultados esperados para cada acción y para cada medida, y cuáles son las limitaciones que pueden surgir durante la ejecución.

En primer lugar, el plan debe ser visto como un guía para la orientación. Paso a paso, todos los participantes en las acciones llevan a cabo las medidas necesarias, para que el proyecto tome forma bajo la supervisión de los responsables.

Luego, se debe entender su función de supervisión. Todo el mundo sabe el ritmo al cual se deben desarrollar las acciones, y qué resultados intermedios se deben obtener para cumplir con el plan.

Por último, debemos abordar el componente motivacional. Aquí, hay efectos positivos en el grupo de trabajo siempre que se está cumpliendo el plan, y se corre el riesgo de desmotivación, si los resultados deseados no se logran, de acuerdo al plan.

Sin embargo, en este particular, la existencia de este plan es siempre preferible a la ausencia de cualquier orientación. Si no existe un plan, los objetivos individuales de los miembros de la organización se convierten en su primera razón para actuar. Cada empleado actuará, casi exclusivamente, en función de sus motivaciones individuales, ya que no se identifican las metas colectivas.

La existencia de un plan, incluso si no se ha cumplido en su momento, seguirá actuando como elemento agregador. Todos los empleados pueden contribuir a recuperar el tiempo perdido, y / o adaptar el plan a la nueva realidad, lo que contribuye a la unidad y el sentimiento de pertenencia a la organización.

Tabla de Actividades Por Medida

Medidas	Responsable	Actores	Duración	Costos	Cronograma
Medida 1	xyz	...		1500	Set - Nov
Acción 1	jyk	...	2 h		Set
Acción 2	qwe	...	2 h		Out
Medida 2	xyz	...		2000	Set - Dez
Acción 1	abc	...	3 h		Nov
...	...	...			

Figura 14 - Tabla de actividades

En esta etapa, la organización ha identificado acciones a desarrollar para implementar cada medida, y se define como, quién, cuándo y a qué costo se llevará a cabo.

Para finalizar la etapa de planificación, es necesario ser capaz de evaluar la eficacia de cada medida ,y adquirir la noción de que el impacto final puede ser alcanzable con la implementación del proyecto.

Con este fin se definen indicadores para los objetivos que se deben alcanzar. Estos indicadores deben ser cuantificados (medibles) y fechados (alcanzables).

La Matriz de Planificación del Proyecto debe registrar la información general, que permite estructurar el monitoreo del plan. Para que sea completa, es necesario identificar las condiciones necesarias para cumplir los objetivos. Por lo tanto, hemos sido capaces de identificar, rápidamente, cualquier limitación que pueda surgir durante la etapa de implementación.

Matriz de planificación del proyecto

Jerarquía de Objetivos	Identificadores objetivamente identificables	Medios y fuentes de verificación	Supuestos
1 - Finalidad	...	...	...
2 - Objetivo	...	...	...
3 - Resultados	...	...	...
4 - Medidas ou Actividades	Presupuestación Costo de las medidas	...	...

Figura 15 - Matriz de planificación del proyecto

Se elabora el diagrama de Gantt para asegurar la programación normal y apropiada de las actividades.

Diagrama de Gantt

Medidas	Set	Out	Nov	Dez
Medida 1				
Acción 1				
Acción 2				
Medida 2				
Acción 1				
...	...	...	...	...

Figura 16 - Diagrama de Gantt

Después de la etapa de planificación, la organización está preparada para pasar a la etapa de implementación.

En realidad, no hay discontinuidad entre la etapa de evaluación y la fase de aplicación. El monitoreo de la ejecución del proyecto permitirá que se desarrollen evaluaciones intercalares y, como ya se ha mencionado anteriormente, se puede intervenir a nivel del proyecto, en sí adaptarlo de acuerdo a las contingencias que puedan haber surgido, si estas contingencias han ido cambiando los supuestos, en los cuales se han hecho los objetivos y las medidas.

La MPPO (Metodología de planeamiento del proyecto por objetivos) puede no se proseguir, activamente y conscientemente, dentro de las organizaciones, pero pone de relieve los conceptos clave, en el diseño del plan, que deben ser considerados en la fase de definición del primer elemento de la construcción racional de un equipo: la definición de la Estrategia.

En términos generales, cualquier plan estratégico señala cinco fases clave:

- Análisis (enmarcamiento, caracterización y diagnóstico);
- Principios y directrices;
- Objetivos;
- Programación;
- Evaluación (monitoreo y rastreo).

La MPPO nos permite tener una idea de cómo nos encontramos con cada una de estas etapas, y ayuda a comunicar la estrategia a toda la organización, tanto en su desarrollo, tanto en su puesta en práctica, obteniendo el compromiso de los miembros de la organización con la búsqueda de objetivos colectivos.

Los seis outputs que son las herramientas de trabajo de MPPO, ayudan a consolidar todas las acciones, y permiten a la organización tomar consciencia de la necesidad de tomar medidas de contingencia, siempre que no se cumplan los supuestos previstos.

Cuanto mayor es la implicación y participación de los miembros de la organización en la definición del plan, mayor es su idoneidad, y también mayor es su entusiasmo individual para con los objetivos colectivos establecidos. En consecuencia, mayor es la probabilidad de éxito del plan estratégico.

Balanced scorecard

El BSC (Balanced Scorecard) es una metodología de gestión estratégica, que ha evolucionado a partir de una medición técnica y gestión del rendimiento.

El BSC se centra en la ejecución.

En la búsqueda de la respuesta a la pregunta "¿Cuál es nuestro plan?" BSC (Balanced Scorecard) difiere de la MPPO (Metodología de planeamiento de proyectos por objetivos), al centrarse principalmente en la respuesta a "¿Cuánto?" Y "¿Cuándo? ", dejando sin respuesta la pregunta" ¿Cómo? ". En MPPO, como hemos visto, las acciones a implementar se identifican, con un alto grado de profundidad por la organización, incluso en la etapa de planificación. Hay una alta percepción relativamente a la posibilidad de cumplimiento del plan. En BSC, el énfasis está en la canalización de las energías de la organización para lograr sus objetivos declarados, mientras que actúa como una herramienta de motivación y monitoreo.

El BSC, como veremos, tiene el mérito de ofrecer un output sencillo, que puede ayudar a aumentar la dinámica de ejecución de la estrategia de la organización.

El modelo básico de BSC nace en los conceptos de Visión, Misión y Valores de la organización ("Quiénes somos"), y evoluciona a la definición de las directrices estratégicas basadas en cuatro perspectivas fundamentales: la perspectiva de los accionistas, la perspectiva del cliente, la perspectiva de los procesos y la perspectiva de aprendizaje / crecimiento.

La definición de los principios estratégicos, desde diferentes perspectivas, es particularmente útil en la organización, ya que permite la búsqueda de diferentes soluciones para un mismo problema. Estas soluciones, a menudo, son complementarias entre sí. Permite también establecer prioridades en la aplicación de la Estrategia, el mantenimiento de una ampliada comprensión dentro de la empresa para la sucesión de las actividades planificadas. Esta comprensión, a menudo, resulta en un aumento de la alineación entre las personas y las estructuras, con mayores porcentajes de ayuda y compromiso de alcanzar los objetivos colectivos.

La perspectiva de los accionistas es, esencialmente, una perspectiva financiera: reducción de costos y aumento de los ingresos.

La perspectiva del cliente se limita, casi exclusivamente, a la identificación del mercado objetivo y satisfacción de sus necesidades.

La perspectiva de los procesos se conecta directamente a la estructura, instrumentos y organización interna, que afectan el nivel de ejecución de la empresa.

Las habilidades, el rendimiento, la cultura y el clima organizacional, son los aspectos conectados a la perspectiva aprendizaje, innovación y crecimiento.

La construcción de un mapa resumen sobre lo que la empresa se propone alcanzar, en un plazo determinado, es el resultado de la interacción entre las cuatro perspectivas en la definición de las estrategias y sus objetivos.

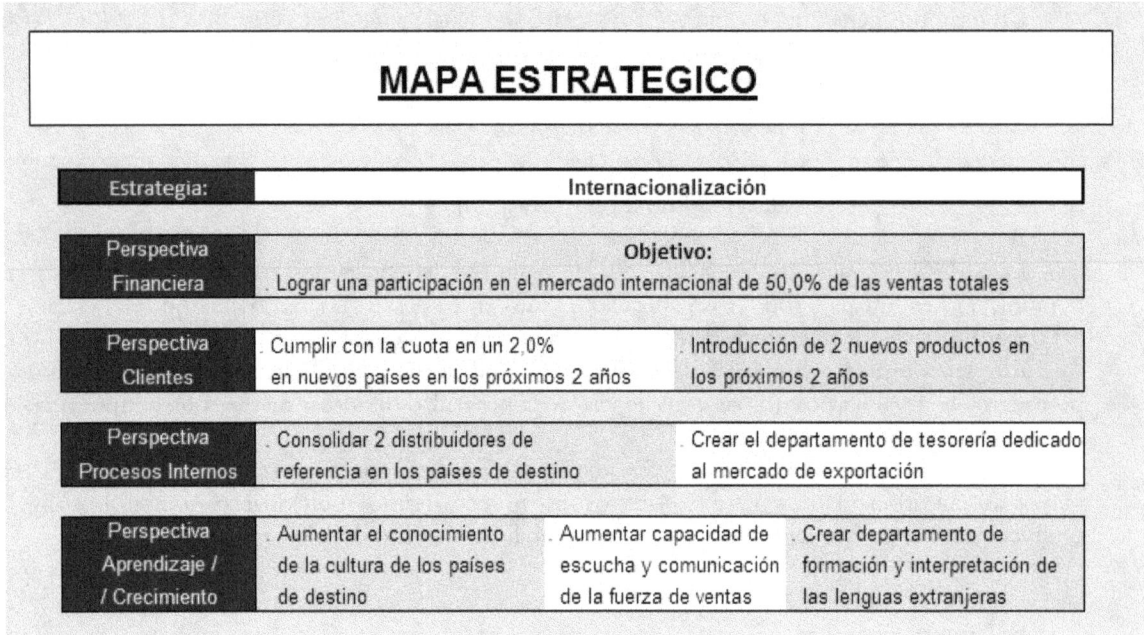

Figura 17 - BSC, mapa estratégico

Los objetivos definen sólo las intenciones de la organización.

Para pasar estas intenciones a la práctica, se requiere que se traduzcan en acciones efectivas.

El concepto del BSC requiere la definición de indicadores para medir el desempeño, y la cuantificación de los objetivos a alcanzar.

Estos indicadores, cuando construidos adecuadamente, indican lo que debe hacerse para lograr los objetivos estratégicos, y aporten como herramienta de medición de los niveles de desempeño de la organización, y de cada empleado individualmente.

Reciben el nombre de KPIs (Key Performance Indicators - indicadores clave de rendimiento).

Hay indicadores de diversos tipos y categorías: número de hechos (outputs), relación producción / coste (eficiencia), producción por unidad de tiempo (productividad), número de quejas (satisfacción del cliente), número de no conformidades (calidad), grado de cumplimiento de los objetivos (eficacia), número de expresiones de satisfacción (excelencia), etc.

El indicador no describe los procesos utilizados.

El indicador difiere del objetivo, porque permite realizar la medición de los resultados de una acción. La meta de este indicador es diferente, ya que permite cuantificar el valor que se debe lograr, con la acción o conjunto de acciones que se emprenderán.

El objetivo de un KPI debe ser MARC, es decir, M-mensurable, A-alcanzable, R-relevante y C-controlable.

KPI:

- Mensurable, un buen indicador con el cual se pueda juzgar el grado de cumplimiento de la organización, o del empleado, debe ser capaz de ser medido y reportado de manera oportuna;
- Alcanzable, ya que si se percibe como inalcanzable, o si de hecho lo es, ya funcionará como factor de desmotivación, y no se presentará como una herramienta útil para ayudar el desempeño organizacional;
- Relevante, ya que alcanzar la meta fijada de manera decisiva contribuye al objetivo estratégico de la organización;
- Controlable, porque si no es controlable por la organización, y / o por los empleados, resuelta en la introducción de un personaje de aleatoriedad que puede ser perverso para la

organización, sea a través de la creación de una falsa sensación de éxito, cuando el buen resultado no es de la responsabilidad del empleado, o mediante la creación de un factor desmotivador, cuando el mal resultado tampoco es responsabilidad del contribuyente.

La evaluación basada en indicadores clave de rendimiento implica una serie de dificultades. A menudo, tenemos:
1- La indiferencia de los empleados en relación con la imposición de metas a alcanzar;
2- La aparición de brotes de tensión entre los empleados y las jerarquías;
    a. Desmotivación;
    b. Bajo rendimiento como un efecto de represalia;
    c. Manipulación de los indicadores (trabajar para la estadística);
    d. Medición utilizada para penalizar los malos desempeños;
3- La aparición de la competencia entre los departamentos (en lugar de se obtener la colaboración).

Hay claras ganancias de objetividad estratégica para la compañía mediante la adopción de esta metodología. Cuando se implementa correctamente, aumenta en gran medida el enfoque de toda la organización en el logro de los objetivos estratégicos.

Para que la ejecución sea eficaz, es fundamental el rol del liderazgo de la compañía en tres momentos clave:
1- En la implicación de los trabajadores en la definición de objetivos estratégicos, soportados en diferentes perspectivas;
2- En la definición adecuada de indicadores, metas e iniciativas (acciones) que conlleve a prosecución de los objetivos;
3- En la comunicación de la Estrategia, haciendo hincapié en la importancia de los KPI para alinear y motivar a toda la organización, en la entrega de la estrategia.

Muchas empresas asocian el pago de bonos de productividad a los niveles de cumplimiento de los empleados, en los múltiples KPIs definidos.

Con ello, están buscando a crear una fuerte alineación entre toda la organización, por lo que la búsqueda de los objetivos estratégicos sea un trabajo y una recompensa para todos.

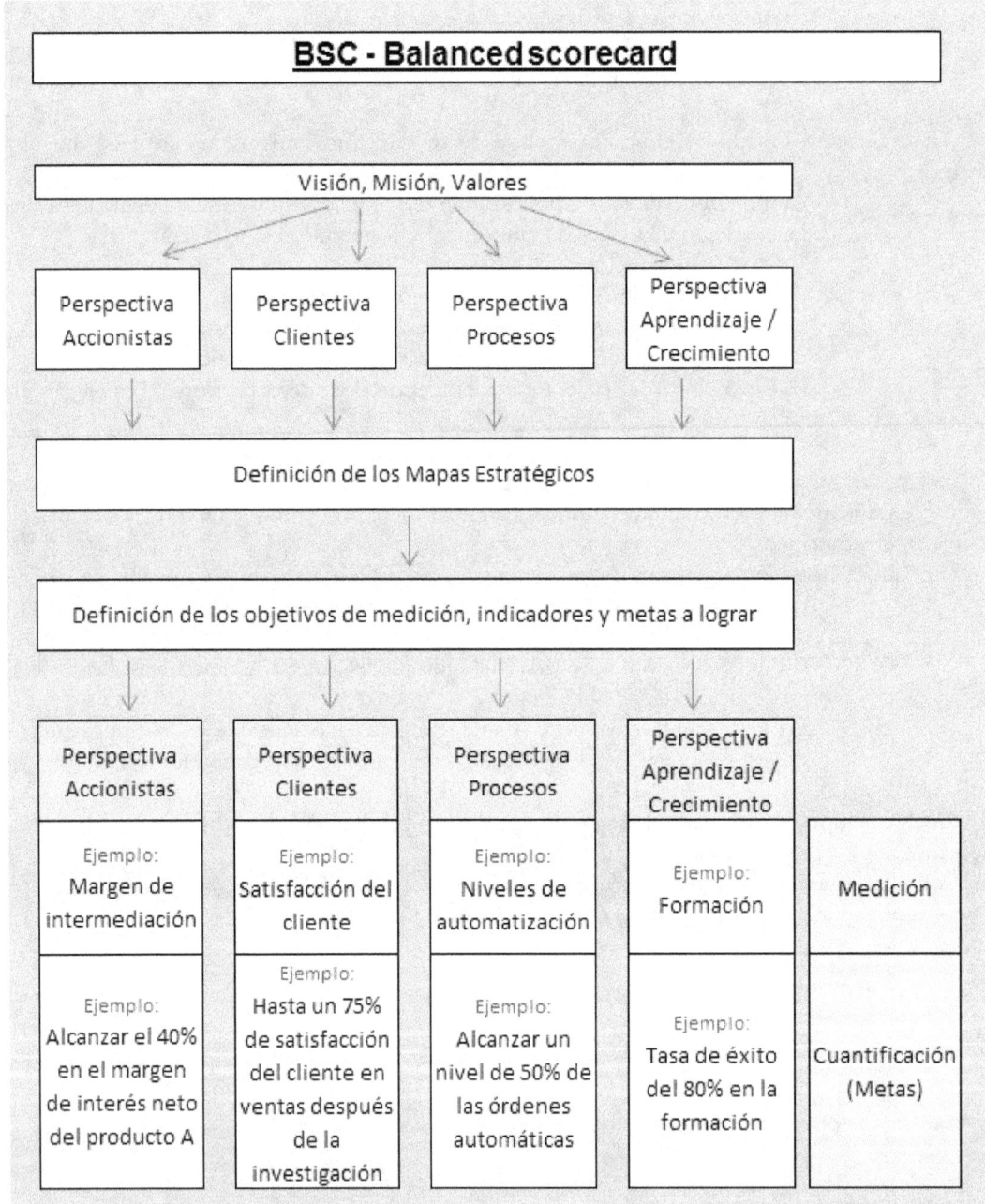

Figura 18 - BSC, modelo general

El BSC es una herramienta útil para el seguimiento y la supervisión del rendimiento de la organización. Contribuye por que las acciones correctivas tomadas por la compañía sean fundadas en hechos, en lugar de las decisiones basadas en rumores, percepciones y / o suposiciones.

La MPPO define las acciones que la organización va a desarrollar para responder a los problemas identificados. El cumplimiento del plan se convierte en el elemento motivador de toda la organización.

En BSC, el establecimiento de metas a alcanzar, permite que el desempeño de los empleados se va a centrar en superar esas metas. El BSC permite que la organización se supere a sí misma.

En respuesta a la pregunta "¿Cuál es nuestro plan?", el uso del BSC puede ser extremadamente útil, tanto si se utilizan por separado, o utilizado en conjunción con la metodología de MPPO.

Por sí mismo, el BSC es muy centrado en los resultados, y resulta muy inexacto en cuanto a la operación requerida para construir esos mismos resultados.

Lean Six Sigma

La MPPO (Metodología de planeamiento del proyecto por objetivos) es una técnica de elaboración detallada de uno o más planes de acción, para la consecución de objetivos claramente definidos.

El BSC (Balanced Scorecard) puede ser visto como la cuantificación estructurada de los objetivos estratégicos que se deben alcanzar, trabajando como un instrumento para monitorear el desempeño de la organización.

El enfoque Lean Six Sigma es un conjunto global de mejores prácticas de gestión que, sucesivamente, se están adoptando con éxito por varias empresas, de los más variados sectores, en diferentes momentos en el tiempo.

Hablar en la estrategia Lean Six Sigma, es asociar los objetivos de estas buenas prácticas de gestión con los objetivos estratégicos de la empresa, la adopción de prácticas y filosofías de acción que, en última instancia, van a cambiar la cultura de la organización.

Lean Six Sigma es resultado de la fusión de las técnicas de Lean y Six Sigma.

La técnica de Lean apareció por primera vez en Toyota, en la mitad del siglo XX (50-60 años). Tiene como objetivo maximizar el valor para el cliente, mediante la racionalización del uso de los recursos (capital, recursos humanos, materiales, dispositivos y energía). Busca maximizar el valor a través de la reducción de residuos.

El enfoque de Lean busca retirar la "grasa" en la organización. Procura optimizar la totalidad y no sólo las partes del proceso de producción. Focos: ¡El flujo y la velocidad!

Su puesta en práctica sigue las siguientes reglas:

- Analizar la cadena de valor en su totalidad;
- Eliminar inmediatamente los pasos que no agregan valor;
- Organizar las áreas de trabajo;
- Crear flujos entre operaciones y procesos;
- Integrar la calidad en el proceso productivo;
- Reducir el número de tiempos de cambio, aumentando la flexibilidad;
- Optimizar la confiabilidad y la eficiencia de los dispositivos e instalaciones;
- Sincronizar la producción con la demanda, con bajos niveles de existencias y un corto período de tiempo entre el inicio y la ejecución de un proceso (tiempo de espera corto);
- Mejorar continuamente.

El enfoque de Six Sigma ha surgido a finales del siglo XX (década de 80), en la empresa Motorola.

Pone el énfasis en el uso de herramientas estadísticas, para ayudar en la toma de decisiones y la reducción de la variabilidad del proceso. Busca el mejoramiento sistemático de los procesos, mediante la eliminación de los defectos. Enfoque: ¡Variabilidad y calidad!

Su aplicación se basa principalmente en las siguientes reglas:

- Selección de proyectos en línea con la estrategia organizacional;
- Conexión de los beneficios de los proyectos a los informes financieros de las empresas;
- Conexión de los proyectos a los sistemas de reconocimiento, y recompensa de los empleados;
- Participación del líder, y la alta dirección de la empresa, en tres momentos clave:
    i. Compromiso financiero a los proyectos;
    ii. Selección activa de los proyectos en línea con la estrategia de negocio;
    iii. Definición de los procedimientos de supervisión y seguimiento de proyectos;
- Selección de los empleados que serán capacitados para dirigir la ejecución de proyectos;
- Identificación y control de los factores "x" responsables por la variación del resultado obtenido en "y" (DMAIC).

DMAIC se corresponde a:
D – Definir, definir el proceso "y";
M – Medir, identificar las métricas utilizadas, el sistema de mediación y la recopilación de datos;
A – Analizar, , identificar los factores de variación y la evaluación de la adecuación del proceso;
I – Implementar mejoras, el estudio de las interacciones entre los principales factores, y agilizar los procesos;
C - Controlar, establecer planes de control.

El enfoque de Six Sigma debe su nombre a la asociación a la medida estadística llamada desviación estándar. La desviación estándar es un indicador de los cambios, que podemos esperar encontrar alrededor de la media, de una muestra aleatoria. El símbolo utilizado para la desviación estándar es la letra griega sigma, Ω.

El término Seis Sigma resulta en la eliminación de la incertidumbre, asegurándose de que el número de partes se produce de acuerdo con el promedio en más de 99,99%.

Se elimina la variabilidad en los resultados obtenidos.

Imagine un cliente que compra tres veces "x" partes del producto "A" de la compañía "E1", después de haber sido informado de que, en promedio, podría esperar 5,0% de piezas defectuosas.

De hecho, en las órdenes, comprueba defectos en partes de 8,0%, 5,0% y 3,0%, respectivamente.

El mismo cliente va a la empresa "E2" y obtiene "Y" piezas del producto "A". Esta segunda compañía informa que, en promedio, puede esperar 3,0% de piezas defectuosas.

En realidad, comprueba piezas defectuosas respectivamente 10,0%, 2,0% y 1,0%.

¿Este cliente confía más en la empresa "E1" que en la empresa "E2"?

La verdad es que la experiencia que el cliente realmente destaca, es que los errores se pueden esperar de cualquiera de las empresas.

El enfoque de Six Sigma tiene como objetivo proporcionar al cliente una experiencia positiva para sus tres órdenes, es decir, que en las tres veces no observe cualquier defecto en las piezas compradas.

Ω	% Defectos Esperados	% Éxito Esperado
0	100,00000%	0,00000%
1	69,00000%	31,00000%
2	30,80000%	69,20000%
3	6,68000%	93,32000%
4	0,62100%	99,37900%
5	0,02300%	99,97700%
6	0,00034%	99,99966%

Figura 19 - Lean six sigma, defectos esperados

Es mejorar y perfeccionar el proceso de producción, hasta llegar a 3,4 errores por cada millón de piezas producidas

De esta manera se consolida la credibilidad de la empresa con su cliente.

Así se sorprende por la positiva, y se adquiere la connotación de "Excelente".

El enfoque Lean Six Sigma es la suma de los dos anteriores (Lean + Six Sigma).

Surgió a finales del siglo XX en GE, General Electric, que en 1999 registró ganancias de 1,5 billones de dólares.

Enfoque: ¡Velocidad, calidad, costo!

Difícilmente somos capaces de conseguir uno de los objetivos, sin mejorar al mismo tiempo los demás.

Un proceso que produce demasiados defectos, no puede mantener su ritmo de producción normal.

Por lo tanto, la velocidad del proceso depende de la calidad del proceso.

Un proceso con demasiadas tareas que no agregan valor, es más propicio para la ocurrencia de errores. En consecuencia, la reducción de los recursos de desecho (tiempo, inventario, almacenamiento, etc) contribuye a la mejora de la velocidad de proceso y, por extensión, para mejorar la calidad.

¡Los procesos más rápidos, y de mayor calidad, resultan en una reducción inmediata en los costos!

La mejora de los beneficios se obtiene mediante la mejora de la velocidad, y la calidad con la que hacemos las cosas.

La simple preocupación por la reducción de costos, sin tener en cuenta la velocidad de los procesos y la calidad de sus productos, puede socavar la credibilidad de la empresa frente al cliente, con desastrosos resultados para el futuro de la organización.

Esquemáticamente, el enfoque Lean Six Sigma es algo distinto del MPPO (Metodología de planeamiento del proyecto por objetivos), y BSC (Balanced Scorecard). Los mapas estratégicos son delineados con base en los conceptos de Misión, Visión, Valores y Posicionamiento.

La noción de posicionamiento de la empresa puede ser crucial para la definición de los objetivos a alcanzar, y de nuestras acciones. A pesar de, a menudo, no existir una profunda conciencia de esta realidad, el posicionamiento de la compañía en el mercado y el posicionamiento de la empresa frente a la competencia (benchmarking), determinan la capacidad de rendimiento de toda la organización, y se deben tomar en cuenta al desarrollar la planificación estratégica.

El posicionamiento en el mercado nos dispara a los conceptos importantes de la segmentación.

Podemos tener diferentes formas de segmentación a considerar. Dos de ellos son la segmentación pasiva y la segmentación activa.

Segmentación pasiva es la identificación de nichos de mercado, que se suman un conjunto de clientes con perfil de preferencias similares (dentro de éstas se pueden tener segmentos operativos separados).

La segmentación activa resulta de la acción de la empresa sobre los clientes del mercado, seleccionado para posicionarse, dando un trato diferenciado a los clientes, en función de la respuesta que dan a los estímulos proporcionados por nosotros.

Dentro del mismo nicho de mercado, que hemos seleccionado, podemos tener clientes con el mismo perfil de preferencias en términos generales, pero muestran dimensión, rentabilidad, proximidad y comportamientos muy diferentes unos de otros. En consecuencia, el pensamiento estratégico debe estar condicionado por esta realidad, que resulta de la interacción entre la organización y sus mercados. Nos enfrentamos a la conciencia de que las acciones de la organización tienen un impacto en las reacciones de sus clientes. Se trata de un avance importante, en la medida en que la organización entiende que no puede limitarse a la observación de los clientes, y actuar sobre estas conclusiones, sino también considerar como los clientes pueden responder a los estímulos que presten y, de esta manera, se ha de potenciar aún más los efectos positivos de sus decisiones.

SEGMENTACIÓN ACTIVA				
ORIENTACIÓN		ENFOQUE	OBJETIVO	ACCIÓN
Alinear	LOS FANS HARDCORE	Centrarse en la marca	Tener el cliente como un promotor de la organización	Asignación de ventajas únicas y excepcionales
Buscar lealtad	Clientes leales	Centrarse en la proximidad	Tener el cliente como un defensor de la organización	Asignación de ventajas específicas
Potenciar	Clientes rentables	Centrarse en la rentabilidad	Aumentar el compromiso con el cliente	Cross-selling
Aumentar	BASE DE CLIENTES	Centrarse en el mercado	Aumentar el número de clientes	Aumentar puntos de venta

Figura 20 - Segmentación activa

El enfoque Lean Six Sigma también introduce dos importantes conceptos complementarios: la noción de sus factores críticos de éxito, y el concepto de la cadena de valor.

A través del proceso de segmentación podemos identificar los factores críticos de éxito, que la empresa debe cumplir, para asegurar su capacidad competitiva, es decir, estar convencido de proporcionar los productos necesarios para afrontar, con éxito, las necesidades de su mercado.

El concepto de la cadena de valor se obtiene cuando la organización identifica el conjunto de elementos y actividades necesarias, a fin de establecer el comercio de sus productos o servicios.

Para una chica que quiere ser coronada como Miss Universo, son factores críticos de éxito ser alta, hermosa y de opinión inteligente. La cadena de valor se someterá a una serie de diferentes actividades, que llevan a atender mejor sus factores críticos de éxito: la atención a la nutrición, el ejercicio, el descanso, la educación, los niveles más altos de educación general y el coeficiente emocional, el maquillaje, la ropa, la imagen y otros.

El análisis de la cadena de valor es de gran importancia para centrar la organización, en lo que se debe hacer internamente para que la organización sea más competitiva.

La organización puede adaptar su posicionamiento estratégico, en las circunstancias que enfrenta, a este (coste de las materias primas, el tipo de proveedores, habilidades de los empleados, el equipo y la tecnología disponible, etc) y a oeste (características de los diferentes nichos de mercado donde hay posiciones y / o acciones de los competidores), tratando de identificar las mejores prácticas internas, para definir un posicionamiento estratégico de éxito.

La primera etapa de aplicación de la técnica de Lean, es el análisis de la cadena de valor total de la empresa.

Considera que existe un conjunto de actividades que no agregan valor al producto final, a la luz de los factores críticos de éxito definidos por el mercado:

- Inspecciones;
- Embalage;
- Transporte;
- Actividades administrativas;
- Actividades de apoyo.

Estas actividades deben ser analizadas profundamente, detallando mapas del flujo de producción, para entender como participan en la cadena de valor, y que cambios se pueden introducir para reducir su impacto en el costo final, resultando inmediatamente en la adición de valor para la organización.

A continuación, se procede al análisis de las principales fuentes de pérdida en los negocios:

- La sobreproducción, produciendo demasiado y / o sin eficacia;
- El hacinamiento, exceso de tiempo disponible para los empleados;
- El excesо de transporte;
- El exceso de almacenamiento;
- El movimiento excesivo entre los procesos de producción y / o en los procesos de fabricación;
- Demasiados errores y / o defectos.

La organización actuará entonces sobre estas pérdidas, racionalizando el flujo de materiales, minimizando el esfuerzo en transporte, simplificando los proyectos de los productos, lo que simplifica los pasos del proceso, por la definición de la estandarización de las tareas de trabajo y la aplicación de dispositivos à prueba de falla.

Se consigue la optimización de los procesos de producción, obteniendo ganancias significativas en la eficiencia y la reducción de la variabilidad de los resultados, con claras mejoras en la calidad, y mayor eficacia en relación con el objetivo de satisfacer las necesidades de los clientes.

Entonces las mejores prácticas de gestión, en todo el siglo XX, fueron sucesivamente adoptadas por las empresas de éxito, tales como:

- **Kanban**, técnica de señalización que controla el flujo de la producción, o el transporte en una industria, permitiendo que en debido tiempo, se hagan las compras de piezas, los pedidos de materias primas, el transporte y otros servicios, lo que es una técnica importante de la metodología de producción justo a tiempo, JIT (Just in Time);
- **5 S**, técnica de organización del espacio de trabajo para maximizar la eficacia y la eficiencia. Las "5 S" son mnemónicas para inglés:
    - Sort (Distribución, la identificación de los elementos utilizados, dejando sólo lo esencial);
    - Set in Order (Poner en orden, de acuerdo con el flujo de la utilización, de las más utilizadas a menos utilizada, para evitar errores y defectos);

- Scrub (Limpieza sistemática de artículos, lo que garantiza el mantenimiento de buenas condiciones de funcionamiento y el aspecto de los espacios, herramientas y materiales);
- Standardize (Establecer normas para los procedimientos uniformes, para fomentar la interacción y / o canje de los operadores, con el uso de ayudas visuales, tales como etiquetas y listas de comprobación);
- Sustain (Velar por la observancia disciplinada de estas normas y procedimientos, tornando rutina la organización del espacio de trabajo).

- **Kaizen**, metodología para implementar hábitos de mejora continua en toda la organización;
- **Análisis gráfico de flujos de procesos;**
- **Metodologia DMAIC** (ver página 33);
- **Controlo estadístico de procesos**.

El control estadístico de los procesos consiste en la definición, identificación y / o creación de indicadores clave de procesos (KPI's – Key Process Indicators, indicadores clave de proceso). Estos indicadores serán una herramienta importante para el análisis y control de procesos, lo que permite la detección de oportunidades de mejora y su implementación.

Estos KPI's (Lean Six Sigma) difieren de los KPI's identificados en la metodologia BSC (Balanced Scorecard). En BSC, los KPI son indicadores clave de rendimiento (KPI – Key Performance Indicators, Indicadores Clave de Rendimiento).

Mientras que los Key Process Indicators se relacionan con el registro y seguimiento de los eventos que ocurren en un proceso de producción, los Key Performance Indicators se relacionan con el registro y seguimiento de los resultados estratégicos de la organización, y son de uso general como un elemento de evaluación objetiva del desempeño de los empleados.

El enfoque Lean Six Sigma, evoluciona de la definición de los objetivos estrategicos, para el diseño de proyectos que darán cuerpo a la estrategia.

Esquemáticamente, tenemos la siguiente representación del enfoque Lean Six Sigma:

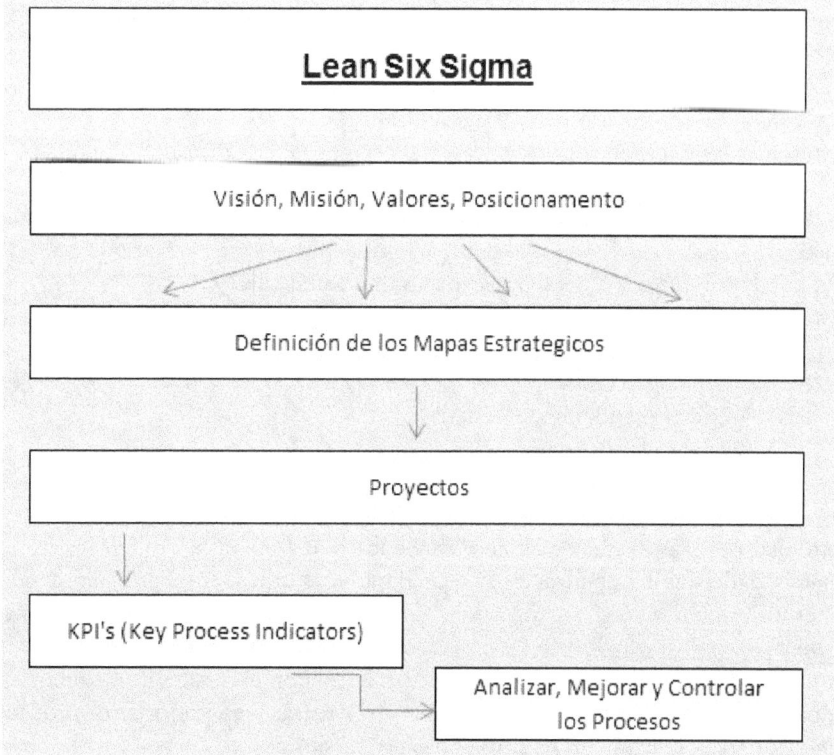

Figura 21 - Lean six sigma, modelo general

Consideraciones finales sobre Estrategia

Como hemos visto, la definición de la estrategia implica siempre una profunda reflexión inicial, en relación con varios aspectos.

Antes de seguir los pasos teóricos importantes mencionados, por lo general es útil poner dos preguntas sencillas:
- ¿Cúal es el espacio?
- ¿Dónde está la energía?

¿Cuál es el espacio que existe en el mercado, en la economía, en el mundo? ¿Cómo se llena?

¿Cuál es el espacio que nuestra empresa ocupa?

¿Cuál es el espacio disponible para nuestros empleados?

¿Dónde está la energía del mercado? ¿Dónde va?

¿Hacia dónde va la energía de nuestro personal?

Ponga varias sub-preguntas alrededor de espacio y energía. Identificará aspectos que pueden ser decisivos y que no identificaría de otro modo.

La vida es la energía que fluye en el espacio. Cada realidad tiene una cierta especificidad en términos de espacio y energía, y la recaudación de información basada en esta dicotomía, sin juicios de valor asociada, a menudo, conduce a una sabiduría serena y una capacidad de decisión mayor en el futuro.

Cobrar por los clientes de autoservicio, y / o reducir los costos mediante el aumento de los servicios disponibles, pueden ser opciones contrarias a la intuición, que sólo se consideran cuando los objetos en cuestión se miran a partir de una perspectiva distante y sin pretensiones.

Definir una Estrategia consiste en la toma de decisiones.

El McDonalds es un ejemplo de un servicio de restauración exitosa. Basa su modelo de servicio en un conjunto de opciones bien definidas.

En cualquier McDonalds del mundo hay un profundo conocimiento de lo que se hace bien, de lo que se hace mal y de lo que no se hace. El McDonalds sirve sabrosas hamburguesas, de calidad uniforme y constante. Ofrece fácil accesibilidad, rapidez y servicio en un ambiente de relajación.

¿Almorzar en 15 minutos? El McDonalds puede ser la solución.

¿Quieres salir de tu casa, con tu familia, para una comida placentera? El McDonalds puede ser la solución.

En McDonalds, el cliente obtendrá la comida en cajas de cartón, irá comer con las manos y hasta se servirá de las servilletas que necesitar. Sin embargo, aún le "piden" para limpiar las mesas que utilizó, y para colocar los residuos de su comida en los dispositivos de recolección de basura disponibles para este propósito.

¿Está dispuesto a hacer lo mismo en otro restaurante?

Las opciones son las decisiones estratégicas. Es a través de las opciones que nos posicionamos. Es a través de las elecciones que dirigimos nuestra energía, en el espacio que ocupamos.

Es fundamental contar con esta idea porque la gente no se reúne toda la misma necesidad, al mismo tiempo, de la misma manera.

Su energía puede ser dirigida a ocupar el espacio que usted elija.

Dicho esto, la organización tiene en realidad una Estrategia cuando todos los elementos son capaces de responder, con prontitud, a las siguientes preguntas:
- ¿Quiénes somos?
- ¿Qué pretendemos obtener?
- ¿Cuál es la situación?
- ¿Cuál es nuestro plan?

La profundidad del plan o planes de acción, en los que actuará la organización, depende de la complejidad del espacio de las actividades de la organización, de las dinámicas que se implementan, y de la competencia de sus líderes en las funciones de planificación, organización, dirección y motivación de los empleados en la búsqueda de los objetivos colectivos.

La creación de una onda positiva en la empresa se inicia con el desarrollo de una Estrategia.

Como hemos visto, hay varios aspectos a tener en cuenta, y es importante profundizar el conocimiento que se tiene a nivel de planificación estratégica, tanto como sea posible.

En resumen, independientemente de los métodos utilizados, sea cual sea la complejidad del objetivo que debe alcanzarse, la comunicación de un plan que sea explicado, aceptado y envolvente, que enmarca los objetivos individuales con los objetivos de la organización, es un paso clave para racionalizar y unir el comportamiento de todos los empleados.

Es la primera fundación racional en la construcción de un Equipo.

2.2 ESTRUCTURA

Estructura

La estructura es el cuerpo de la organización.

Si preguntamos a los líderes de las organizaciones sobre la conveniencia de las estructuras de las empresas de las que son responsables, probablemente responderán inmediatamente que las consideran adecuadas.

Definida la Estrategia, la Estructura es el conjunto formado por las personas, los recursos y los procesos que permitan la puesta en práctica del plan de acción.

Estructura
Personas
Recursos
Procesos

A veces, la estructura se confunde con el esqueleto de la organización.

Un organigrama funcional puede considerarse el esqueleto de la organización.

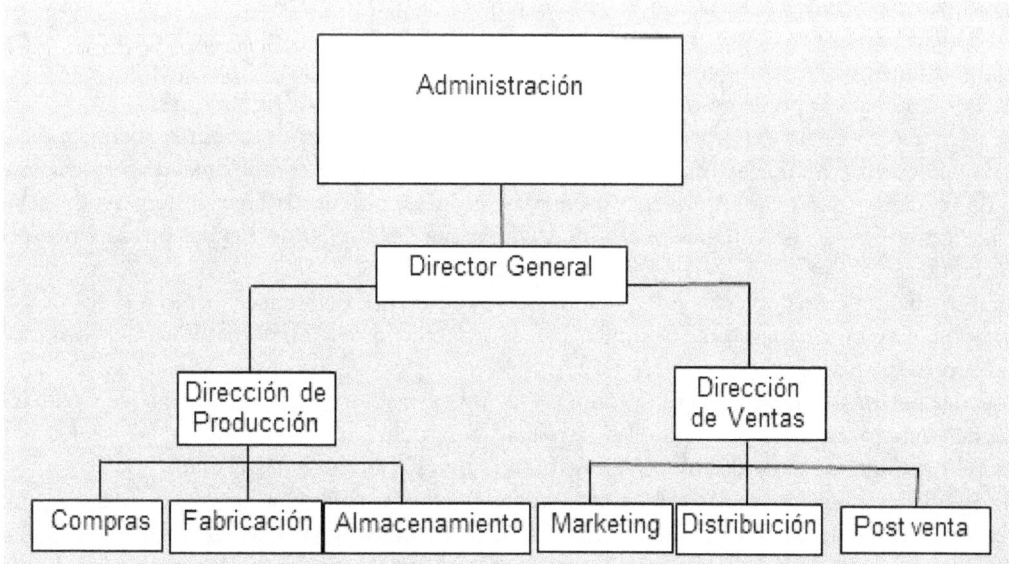

Figura 22 - Organigrama

Sin embargo, la observación y el análisis de un organigrama no nos dice mucho en cuanto a las habilidades, dispositivos, tecnología, información, procesos y organización en la que las personas se desarrollan en la empresa.

Además del esqueleto, es necesario darse cuenta y definir el cuerpo de la organización.

Determinantes de la Estructura
Componentes
Grados de libertad
Solidez

La estructura deseada, o que se considere apropiada, depende del análisis de su composición (personas, procesos y recursos) depende del grado de libertad con la que proporciona al equipo u organización, y depende de la solidez que se considere apropiada para la estructura.

Componentes
Personas, Recursos, Procesos

Personas

Las personas son lo primero, y más importante, elemento constituyente de la estructura de la organización. La competencia de cada persona es el primer factor a tener en cuenta al analizar la estructura.

¿Qué sabe la gente? ¿Cuáles son las características de comportamiento dominantes?

Una estructura, que consiste en una mayor heterogeneidad de las habilidades, tiende a ser más capaz de enfrentarse a las adversidades que el futuro puede traer, y a establecer estrategias más diversificadas. Típicamente, la unión de personas con diferentes habilidades y perspectivas, lleva a que la compañía permita a cada elemento crecer y desarrollar todo su potencial dentro de la organización, lo que funciona como un factor importante en el aprendizaje y la motivación.

Además de reunir los conocimientos necesarios para las tareas, las personas tienen que estar en número adecuado para la ejecución de sus tareas.

El diseño de un organigrama funcional tiene que tener en cuenta las competencias de las personas que integran la organización. En el primer caso, debe ser el organigrama que se adapta a las personas disponibles y no al revés, como suele ocurrir. En épocas de crisis y alto desempleo, los responsables de las empresas podrán eventualmente disfrutar de la posibilidad para elegir a una persona con ciertas habilidades, para un puesto en su organigrama funcional.

Si la oferta de gente competente es limitada en el mercado de trabajo, insistiendo en el mantenimiento de una estructura organizativa estática, llena con la gente equivocada para el trabajo, es un error que conduce al fracaso. La gente no se siente realizada, y no es capaz de sorprender al alza. Esta organización nunca llegará a los niveles de excelencia, al alcance de un competidor que lo haga. Esto es el tipo de gestión que lleva a la venta de las grandes empresas, y es también el tipo de gestión que crea oportunidades para los compradores.

Está claro que el diseño del organigrama funcional debe considerar, en términos abstractos, el conjunto de tareas que tienen que ocurrir para que aparezca el producto de la empresa, en condiciones de negociación en el mercado. El conjunto de funciones que tienen que ser respondidas, no tiene que determinar el número de personas que las van a desempeñar. Lo que es decisivo para el éxito, es asegurar que las funciones tienen una superior respuesta, cuando se están ejecutando.

Debemos mantenernos abiertos a la posibilidad del "Gerente de Ventas" asumir el rol de "supervisor de post-venta", y / o el "Director de la Obra" acumular la responsabilidad del "Departamento de Compras", y / o considerar la eficacia de otras posibilidades.

Ya que las personas son el primer componente de una estructura, es con ellos que se va a hacer algo. Si un dado modelo funcional no es adecuado para las personas con quien queremos hacer las cosas, entonces se necesita reemplazar el organigrama para restablecer la organización en el camino hacia el éxito.

Las habilidades de las personas deben ser evaluadas con la máxima objetividad. Las decisiones deben tomarse sobre la base de los hechos, evitando decisiones basadas en percepciones o suposiciones.

A finales del siglo XX, Billy Beane, director general en el momento del equipo de béisbol estadounidense Oakland Athletics, fue un gran éxito con un equipo basado en jugadores cuyas estadísticas permitían pronosticar un buen desempeño futuro. Ha construido a su equipo con un presupuesto mínimo, y basado en jugadores con un bajo precio en el mercado. Estableció registros.

El juego nunca ha sido el mismo desde entonces.

De manera similar a lo hecho por Billy Beane, en cualquier organización y en lo posible, las decisiones relativas a las personas deben basarse en datos reales.

En primer lugar, usted necesita reunir a las personas adecuadas. Entonces, usted tiene que ajustar los roles que desempeñen a las competencias que demuestren.

Si se pone a Cristiano Ronaldo guardameta, y a Messi como defensa central, ¿qué resultado se puede aspirar a lograr?

Recursos
Instalaciones, dispositivos, herramientas

Un factor de decisión importante y determinante del espacio de actuación de la empresa a través del tiempo, es las instalaciones donde la empresa definirá como base del desarrollo de su negocio.

La decisión, sobre la ubicación de sus instalaciones, nunca es una decisión a corto plazo. Aunque la empresa, para obtener una mayor capacidad de adaptar su estructura a la evolución del negocio, pueda favorecer la opción de arrendamiento en lugar de espacios comprados en firme, la organización siempre permanecerá en las instalaciones durante un período de tiempo más o menos prolongado.

Dependiendo de las características de las instalaciones, se imponen de inmediato límites en el número de personas que pueden trabajar allí, y el tipo y la cantidad de dispositivos que se pueden instalar.

Las instalaciones establecen una frontera para la producción máxima, que se puede alcanzar, con los recursos disponibles.

Los dispositivos instalados permitirán el desempeño de las diferentes tareas que las personas tienen para llevar a cabo.

Teniendo en cuenta las instalaciones establecidas, la decisión sobre los dispositivos que se utilizarán, es una evaluación de las ofertas presentes en el mercado de cada dispositivo, básicamente teniendo en cuenta los factores tecnología, eficiencia y precio.

La tecnología determina las competencias, que los empleados que utilizan los dispositivos deben tener, para una utilización eficaz, así como el beneficio individual que pueden retirar de su uso, tanto en términos personales (confort, por ejemplo), o en términos de aumento de la productividad.

La efectividad de los dispositivos condiciona su uso, ya que debe tener una capacidad mínima requerida, para alcanzar los máximos niveles de producción de la asignación de las instalaciones.

Con las instalaciones y las preocupaciones relativas a los dispositivos, podemos tejer consideraciones importantes en cuanto a su marco, con la estrategia y el posicionamiento de la empresa.

La imagen que un cliente tiene de una empresa, puede o no estar relacionada directamente con la imagen emitida por sus instalaciones. Para la compañía de catálogo, sus instalaciones físicas no afectan a la imagen que el cliente tiene de la empresa. Para una empresa de consultoría, las instalaciones físicas y la modernidad de los dispositivos utilizados, pueden establecer una codificación particular en la mente de sus clientes.

Mientras que las consideraciones relativas al inmovilizado material son, casi exclusivamente, físicas y relativamente estáticas en el tiempo, las consideraciones relativas a las herramientas utilizadas asumen un marco más dinámico.

Las herramientas utilizadas en la composición de la estructura permiten que las personas, en el recinto y con los dispositivos, puedan realizar ciertas tareas de forma más fácil.

Una herramienta debe ser mirada como un facilitador de un resultado final.

La contraprestación cuanto al tipo y capacidad de las herramientas a usar, implica la adopción de un enfoque en el proceso creativo de la organización.

La computadora es un dispositivo utilizado por la organización.

Un programa de computadora es una herramienta utilizada por la organización.

Nuestra empresa puede contratar a oficiales de la competición que han producido excelentes actuaciones. Estas mismas personas pueden venir registrarse, ahora, el rendimiento más bajo, si nuestras herramientas resultan inoperantes como facilitadores del resultado final que se desea.

Las herramientas son el componente de la estructura, que establece una relación más estrecha con los Procesos.

Los recursos que son importantes en la definición, y / o el análisis, de la estructura organizacional, se caracterizan por las instalaciones, dispositivos y herramientas, ya que los recursos restantes, tales como materias primas o servicios externos, también estarán disponibles igualmente a la competencia.

Las herramientas utilizadas permiten aumentos sutiles en la productividad, lo que puede traducirse en grandes ganancias de competitividad.

Las organizaciones que tienen mayor capacidad de procesamiento de la información, adquieren las ganancias de productividad cruciales para solapar la competencia.

En la actualidad, las herramientas informáticas juegan un rol crucial en la diferenciación, en cualquier actividad.

Preste atención a los ejemplos que figuran a continuación:

1- Dar prioridad al tratamiento de las órdenes que tienen más valor;

2- El uso de semáforos de señalización en el control de cobros.

1- Dar prioridad al tratamiento de las órdenes que tienen más valor

Normalmente, las empresas se organizan en torno a un sistema FIFO (Firt in, first out - primero a entrar, primero a salir), en el que las órdenes se manejan de forma secuencial, como llegan a la empresa, sin tener en cuenta las diferencias en el valor que cada pedido representa.

En lugar de utilizar un sistema FIFO, la empresa puede lograr un mejor resultado global, al optar por dar prioridad a la tramitación de los pedidos de valor superior, a expensas de los pedidos de bajo valor. Obviamente, no se puede descuidar a cualquier orden. Pero se puede crear normas, procedimientos y mecanismos de control, que permiten el procesamiento de pedidos más rápidos, de mayor volumen, y manteniendo niveles satisfactorios en el tratamiento de las solicitudes de menor valor. Con la ayuda de las herramientas informáticas estos sistemas son, ahora, fáciles de implementar.

Al dar un tratamiento prioritario a los pedidos de mayor valor, la empresa está contribuyendo en gran medida a la acumulación de los resultados de mayor tamaño, en el menor tiempo posible.

Hay aumentos de eficiencia. Los resultados obtenidos entusiasman a los empleados. El entusiasmo es contagioso, por la positiva, a todo lo que toca a la organización.

2- El uso de semáforos de señalización en el control de cobros

Si nos enfrentamos a una organización con fines de lucro, el control de las recuperaciones supone necesariamente una gran relevancia.

Más que poseer las personas dedicadas a ejercer este control sobre los cobros en el efectivo de los clientes, lo que es genial es que podamos crear un mecanismo de alerta automático en los propios clientes, lo que induce en ellos las buenas prácticas, de cumplir puntualmente con sus compromisos.

Si los clientes pueden ver su cuenta corriente a través de un soporte informático (extracto digital, consultar a través de página web, correo electrónico, etc), pueden crear un mecanismo de señalización sencillo de la evolución de sus pagos, durante los últimos doce meses.

Imaginemos que la empresa XYZ es nuestro cliente, y se compromete a saldar sus cuentas dentro de los 60 días, siguientes a la fecha de la orden.

Cuando diseñamos la herramienta de apoyo a la gestión de cobros, a menudo, nos limitamos a garantizar una forma de consulta que refleja la indicación del saldo adeudado, y cuál es su origen.

En este caso, para comprobar su saldo, la empresa se enfrenta a la siguiente información:

| Cliente | XYZ Lda | | Fecha | 15-03-2014 |
| | | | Balance | 105.077,00 |

Orden	Fecha	Documento	Valor	Días
20140014	03-01-2014	12345	12.534,00	71
20140015	08-01-2014	12546	8.754,00	66
20140016	07-02-2014	12768	23.789,00	36
20140017	15-03-2014	12987	60.000,00	0

Figura 23 - Control de cobros, 1

Sabemos ahora que la empresa nos debe 105.077,00 €.

Un análisis más detallado revela que la empresa tiene algunas facturas vencidas, aunque no es una cantidad muy grande en su total pendiente.

Podemos mejorar esta información, para que nuestro departamento de cobros pueda actuar efectivamente, pidiendo a la empresa cliente la cantidad que ya debería haber recibido.

Podríamos haber mejorado esta herramienta:

Cliente	XYZ Lda			
		Fecha	15-03-2014	
		Balance	105.077,00	
		+ 60 días	21.288,00	
Orden	Data	Documento	Valor	Días
20140014	03-01-2014	12345	12.534,00	71
20140015	08-01-2014	12546	8.754,00	66
20140016	07-02-2014	12768	23.789,00	36
20140017	15-03-2014	12987	60.000,00	0

Figura 24 - Control de cobros, 2

En este momento, a primera mirada, sabemos con precisión que la cantidad de la deuda de la compañía XYZ que es inmediatamente debida, es € 21,288.00, y nosotros somos capaces de hacer un contacto, con el fin de obtener un acuerdo de esta magnitud. A pesar de que la deuda del cliente sea superior, sólo este valor se encuentra en mora.

Sin embargo, esta mejora en la herramienta sólo nos ayuda a tener un control más efectivo sobre estos cargos, y minimiza la necesidad de explicaciones a la empresa cliente, en el momento en que se puso en contacto para quejarse algún valor fuera de tiempo.

Esta herramienta de software no induce la preocupación, de la empresa cliente, para el cumplimiento de los plazos de pagos acordados (60 días en este ejemplo).

Podemos introducir una mejora significativa en la herramienta de software, utilizando información que ya existe en la empresa, pero que no está aún en uso.

Podemos, por ejemplo, incorporar un tráfico mensual sobre la evolución de las tarifas en los últimos doce meses. Cuando las órdenes de un mes no se resuelven dentro de 60 días, se marcará este mes con un "X" rojo. Cuando las órdenes se liquidan en tiempo y forma, el mes se marcará con un "√" verde.

Cliente	XYZ Lda			
	F M A M J J A S O N D J	Fecha	15-03-2014	
	√ √ √ √ √ √ √ √ √ √ √ X	Balance	105.077,00	
		+ 60 días	21.288,00	
Orden	Data	Documento	Valor	Días
20140014	03-01-2014	12345	12.534,00	71
20140015	08-01-2014	12546	8.754,00	66
20140016	07-02-2014	12768	23.789,00	36
20140017	15-03-2014	12987	60.000,00	0

Figura 25 - Control de cobros, 3

Ahora, la herramienta se presenta como una gran ayuda en la gestión de cobros. Para nosotros, nos dice que son justos atrasados € 21.288,00 de los € 105.077,00 que esa compañía XYZ nos debe, y también nos dice que esta es la primera vez en los últimos 12 meses que registra un evento de incumplimiento.

Cuando el departamento de colecciones hace contacto a reclamar la cantidad adeudada, puede decir, de inmediato, que es consciente de que la empresa fue siempre cumplidora de sus deberes, pero está pendiente un valor para el que se solicita la regularización.

En la empresa XYZ, aunque no haya contacto por parte de nuestro departamento de cobros, se tiene cuidado de no llegar tarde a cualquier mes, para no recibir ningún registro de color rojo en su historia. Con esta herramienta, hemos sido capaces de inducir, en el cliente, un comportamiento de uno mismo que nos beneficia a los dos. Esta herramienta crea una ventaja competitiva sobre sus competidores. En caso de dificultades financieras de la empresa XYZ, es posible que se incline a resolver primero las deudas a nuestra empresa, antes que a otro proveedor que no tiene disponible a este mecanismo de seguimiento de los saldos de los clientes.

¡Una mejora más! Además de lo anterior, la herramienta mejorada también proporciona una información adicional: puede decirnos inmediatamente si la empresa XYZ es un cliente habitual.

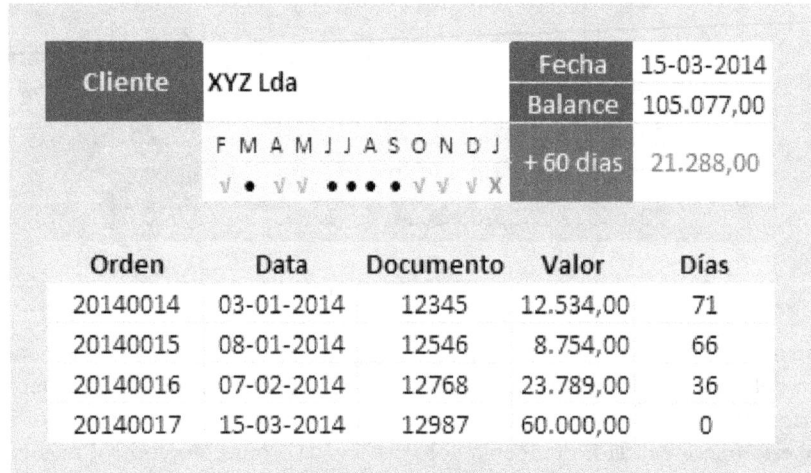

Figura 26 - Control de cobros, 4

Los meses marcados con bola prieta fueron meses en los que la empresa no ha realizado ningún pedido. Ahora, utilizando esta herramienta, te das cuenta inmediatamente que el cliente nos debe mucho dinero, se ha incumplido la deuda, por lo general se reúne con las condiciones de pago establecidas, y con qué frecuencia se presenta en los pedidos.

Compara con la herramienta original y dime qué es el más eficaz, para ayudar a que manejemos al cliente.

Son sólo unas pocas líneas de programación que nos permiten obtener grandes ganancias de productividad, mejorar la calidad de lo que hacemos a diario, y facilitar el logro de los resultados, utilizando la misma información que tenemos disponible en nuestra organización.

Al nivel de los recursos usados por la estructura organizativa, las herramientas de procesamiento de la información se asumen como un factor crítico de éxito. Determinantes, tanto para superar a la competencia, tanto para elevar los niveles de rendimiento.

Las herramientas informáticas son un ejemplo de la atención que tenemos de dar a las herramientas que utilizamos. Todas las herramientas utilizadas por la organización deben ser consideradas en el análisis de la estructura.

Procesos
Reglas, flujos, timing

Después de las personas y de los recursos, los procesos son el tercer componente de la Estructura.

Hay mucho que decir con respecto a la definición de los procesos.

Los procesos deben ser tan simples como sea posible, con respecto a las normas y los flujos operacionales.

La principal consideración a tener, en la definición de las reglas, es atender el comportamiento que inducen. Es extremadamente importante que las reglas promueven conductas positivas, y deben negarse a funcionar como inhibidores de la conducta, y / o promotores de efectos perversos.

Considere.

"No podemos hacer grandes cosas. Sólo cosas pequeñas con gran amor."

Madre Teresa de Calcuta

Imagine una firma de abogados que se dedica a los bienes raíces, y contrata convenios trienales con sus empresas clientes. Supongamos que esta firma establece la siguiente regla de los pactos de comercialización:

"Para hacer frente a la competencia, se permite la comercialización de nuevos convenios en menos de lo que hemos hecho hasta ahora, aceptándose negociaciones de precios de nuestro servicio entre 6.000,00 y 12.000,00 euros anuales. No se permitirá la revisión anual de los precios de los pactos en curso".

A la luz de esta norma, cuando se enfrentan con un cliente potencial, los empleados de la organización, tienen un enorme incentivo para negociar pactos por el precio más bajo de   6.000,00 € al año, cuando el interés de la compañía está en la celebración de los contratos al precio más alto cuanto sea posible. Ya que los contratos se celebran por tres años, el impedimento para revisar el precio de los pactos en curso, irá promover en los negociadores un cuidado adicional: irán vender de inmediato al menor precio, porque saben que, no tendrán margen de maniobra para mantenerlo, si el cliente reclamar el precio en el futuro.

Si el representante de la organización es consciente que posee un espacio para negociar su precio con el cliente, no sólo hoy sino en el futuro, tratará de establecer un sistema de comercio eficaz, al mejor precio que le sea posible, en todo momento. Su trabajo se centrará en la rentabilidad del contrato.

Frente al impedimento de la revisión de precios en el futuro, desde el momento de las negociaciones iniciales, nos asociaremos con un enfoque en el mantenimiento del contrato.

El contrato ni siquiera ha comenzado, y ya que el desarrollador está dominado por el miedo de perderlo.

Esta situación es un buen ejemplo, de cómo las reglas establecidas en los procesos pueden tener efectos perversos, es decir, estimular prácticas que no respetan los mejores intereses de la organización.

Cada organización tiene sus propias reglas. Las reglas deben ser apropiadas a los otros componentes de la estructura.

Como las reglas, hay flujos en todas las actividades de producción, y comprenden la cadena de tareas que se llevan a cabo para obtener un producto final.

También en este nivel, es importante profundizar en el análisis de cuáles son las mejores prácticas en la organización.

La metodología 5S, que se ha abordado en la estrategia Lean (o Lean Six Sigma), es un buen ejemplo

Al ser una metodología que se desarrolla linealmente en función de las "5S":

» Sorting - Distribuir

» Simplifying – Organizar

» Systematic cleaning – Limpieza sistemática

» Standardizing – Establecer estándares

» Sustaining – Mantenimiento y disciplina

puede evolucionar profundamente dentro de cada elemento.

En la tabla de la página siguiente, cada elemento evoluciona positivamente en cinco niveles:

1- Apenas empezando;

2- Centrándose en lo básico;

3- Señalando visiblemente la metodología;

4- Centrándose en la fiabilidad;

5- Mejora continua.

Estos cinco pasos efectivamente se pueden aplicar sobre cualquier proceso.

Debemos pasar por un período de evolución a la etapa de desarrollo, hasta que nos podamos centrar en el logro de la mejora continua.

La simplicidad de los procesos, casi siempre, proporciona ganancias de eficacia a través de una reducción de los errores de ejecución, permitiendo al mismo tiempo aumentos de eficiencia, a través de una ejecución de alta velocidad.

Al profundizar la reflexión sobre diversos aspectos de la organización de la compañía, podremos lograr una mayor objetividad, en relación con las acciones que son necesarias para promover una mejor calidad de vida para todos.

La visión que se proporciona en la tabla siguiente es crucial, ya que muestra dónde estamos, al mismo tiempo que define dónde queremos ir.

5S Niveles de rendimiento					
Nível 5: Mejorar continuamente	Problemas de limpieza están identificados y las acciones están instituidas para prevenir el trastorno.	Los elementos necesarios se pueden usar en 30 segundos y basta un número mínimo de pasos en ese sentido.	Los problemas potenciales se identifican y se documentan las medidas para combatirlos.	Se establecen métodos confiables, estándares de limpieza y inspecciones diarias, para organizar y compartir el espacio que se utiliza en áreas similares de trabajo.	Problemas de raíz se eliminan y las acciones de mejora se centran en el desarrollo de métodos de prevención.
Nível 4: Enfoque en la fiabilidad	En el escritorio se ha documentado las responsabilidades y tiempos de limpieza, así como las nominaciones se siguen consistentemente.	Los elementos necesarios son los mínimos y están debidamente preparados para su uso.	La inspección se produce durante la limpieza diaria de la zona de trabajo, equipos y suministros.	Se documentan los métodos fiables, estándares de limpieza y inspecciones diarias y la organización del espacio de trabajo que se siguen en todo el grupo de trabajo.	Las fuentes y las frecuencias de los problemas se documentan como parte del trabajo de rutina, los problemas de raíz son identificados y los planes de acción correctiva se desarrollan.
Nível 3: Modo visual	La limpieza inicial se tomó y las fuentes de trastorno se identifican y se corrigen.	Los elementos necesarios se describen, adecuadamente etiquetados, en los lugares apropiados y se determinan las cantidades necesarias.	Identificadores visuales y controles están establecidos, marcando el espacio de trabajo, equipos y suministros.	El grupo de trabajo estableció acuerdos sobre las inspecciones visuales, el etiquetado y las cantidades necesarias de cada elemento.	El grupo de trabajo velará por la verificación constante de los acuerdos de las 5S en el área de trabajo.
Nível 2: Enfoque en lo básico	Se identifican los artículos necesarios y no necesarios. Los innecesarios se eliminan del área de trabajo.	Los elementos necesarios se guardan de forma segura y organizada de acuerdo a su frecuencia de uso.	Los elementos clave en el área de trabajo se identifican y se documentan los niveles aceptables de desempeño.	El grupo de trabajo ha documentado los acuerdos sobre los elementos necesarios, la organización y el control de la oficina.	Lo nível 5S inicial se determinó, el rendimiento fue documentado y se muestra en el escritorio.
Nível 1: Empezando	Los elementos necesarios e innecesarios se mezclan en el área de trabajo.	Los elementos necesarios se colocan aleatoriamente en el escritorio.	Los elementos de escritorio se han determinado, pero no están marcados.	Los métodos en la oficina no se documentan y no se siguen de manera consistente.	Las verificaciones del espacio de trabajo se hacen al azar y sin ninguna medición visual de las 5S.
Ponga una marca amarilla que indica el nivel de rendimiento en cada área 5S	**Sorting** Distribuir	**Simplifying** Organizar	**Systematic cleaning** Limpieza sistemática	**Standardizing** Establecer normas	**Sustaining** Mantenimiento y disciplina
Fuente: reliabilityweb.com					

Figura 27 - 5S, niveles de rendimiento

Es un marco absolutamente importante para la organización poder centrarse en la adopción de actitudes, y comportamientos positivos para el crecimiento colectivo.

Contribuye para aumentar el sentimiento de pertenencia, y para estimular la creatividad individual en beneficio del grupo.

Debe ser desarrollado conjuntamente por la organización, revelado y publicado en un lugar visible, para que sea como una brújula de las acciones de la empresa.

Las normas, la organización y los flujos definidos en los procesos, afectan el desempeño de la gente.

Trate de rascarse la última letra de cada una de las siguientes palabras:

Figura 28 - Rascarse la ultima letra, 1

Inténtalo de nuevo:

Torpe   **Deficiente**   **Organizado**

Figura 29 - Rascarse la ultima letra, 2

El análisis de los flujos que ocurren en la marcha de los procesos de toda la empresa, debe ocurrir tanto al nivel de organización, tanto al nivel de la secuencia de acontecimientos, que se produce hasta llegar al producto final.

En función de la actividad realizada por la empresa, la secuencia de eventos, dentro de los procesos, es determinante para la eficacia de la organización, por lo que es un elemento importante a considerar en la Estructura.

Independientemente de la simplicidad y organización con que los procesos están diseñados, creo que el calendario de ejecución de las diferentes tareas es también un aspecto importante para el éxito de la organización.

Es necesario estar preparado para hacerlo bien, las cosas correctas, en el momento adecuado.

Independientemente de la estrategia de la organización, el análisis de los procesos utilizados en términos de reglas, flujos y timings, permitirá concluir acerca de la composición de la estructura, y la forma en que potencian los recursos humanos y materiales.

Grados de libertad

Al analizar la estructura, también tenemos que considerar el grado de libertad que esta le da a la organización. La estructura puede afectar a la organización en el nivel de flexibilidad, para adoptar nuevas estrategias y / o planes de acción, y puede establecer situaciones de mayor o menor dependencia de terceros, en particular, proveedores, empleados y / o clientes.

Esto es crucial para el éxito de la organización. Una empresa excesivamente dependiente de una tercera entidad perderá la capacidad de negociación, perderá poder competitivo, y ya no podrá ser, en sí misma, una referencia en su área de operación.

El grado de libertad es para la Estructura, así como la ropa es para el cuerpo humano: demasiado apretado, ¡no te puedes mover!

Solidez
Conexiones establecidas, capacidad de apoyo

La solidez de una organización depende de las conexiones que se establecen entre sus componentes (personas, procesos y recursos).

El grafito es la sustancia que forma el interior del lápiz, y que nos permite escribir con él, rompiendo cuándo friccionamos un poco, dejando en el papel el rastro del desgaste.

El diamante es la sustancia natural más dura conocida.

El grafito y el diamante están constituidos por el mismo número de átomos de carbono. Sólo difieren en la forma en que los átomos están unidos entre sí.

Del mismo modo, la estructura de la organización tiene que ser tan sólida como sea posible. La forma en que sus componentes están unidos entre sí, tiene una importancia primordial a la solidez de la organización.

Las conexiones que se establecen entre los átomos de carbono en el grafito, forman un paquete de placas. Los átomos terminan siendo poco vinculados entre sí, y sólo proporcionan conexiones bidimensionales, consiguiendo las sucesivas capas superpuestas una sobre la otra, formando el grafito.

Las capas que forman el grafito se conectan entre sí débilmente.

En el diamante, los vínculos que se establecen entre los átomos son muy fuertes. Cada átomo forma enlaces covalentes, con otros cuatro átomos de carbono, con una ocupación de espacio que permite la formación de una red tridimensional.

La estructura del diamante es extremadamente rígida.

¡El brillo de una y otra estructura también es completamente diferente!...

Fuente : http://portaldoprofessor.mec.gov.br/

http://umaquimicairresistivel.blogspot.pt/

Figura 30 - Grafito vs Diamante

Las personas, los recursos y los procesos materializan la Estructura.

La fuerza de las conexiones entre los componentes de la estructura depende de las conexiones racionales, emocionales y físicas establecidas.

¿Cuál es la proximidad entre los componentes de la estructura?

Una buena organización estructural permite el establecimiento de sólidas conexiones físicas, racionales y emocionales.

Física y racional, cuando, por ejemplo, define métodos fiables para organizar y compartir espacios de trabajo, que se utilizan en áreas similares, lo que permite ocurrir la rotación entre los miembros de diferentes equipos, dentro de la misma especialidad.

Una fuerte organización estructural se basa en sólidas conexiones emocionales.

El fuerte vínculo emocional implica la existencia de la empatía, la comprensión y el compromiso entre todos.

Las palabras clave son: comunicar y compartir.

La capacidad de soporte de la estructura está directamente relacionada con el esfuerzo que se le pone.

A menudo, se requiere un cierto nivel de respuesta de la estructura sin que tenga la capacidad de lo hacer.

¿Qué espera alcanzar, lanzando cuatro platos para una persona que sólo tiene dos manos para los sostener?

La verdad es que la búsqueda por la maximización de los lucros ha tenido una base sólida en los gestos de esta naturaleza.

"Más que maquinaria, necesitamos humanidad."
Charlie Chaplin

La máquina ha venido a reemplazar, cada vez más, seres humanos en los procesos de producción. En Economía, a menudo, se considera la división de los factores productivos entre capital y trabajo.

Capital, ya que es el dinero lo que permite adquirir las instalaciones, dispositivos y herramientas. Trabajo, porque se necesitan personas para garantizar el funcionamiento de los recursos materiales.

Esta es una simplificación para permitir antever ciertos resultados finales, en términos del posible alcance de las decisiones empresariales. Facilita el cálculo y análisis de diversos escenarios.

Desafortunadamente, esto es una simplificación que conlleva enormes costes de bienestar, por ignorar el talento y el genio humano.

La capacidad de respuesta de la organización a los esfuerzos que se presenta, depende de la capacidad de la estructura para apoyar estos esfuerzos, y depende de la frecuencia con la que se somete a esfuerzos extraordinarios.

La comunicación y el compartimiento, de gestos, de los objetivos y de las dificultades, aumentan la capacidad de sacrificio individual para con el colectivo.

Pero, el sacrificio individual tiene sus límites. Y cuanto mayor sea el sacrificio que implica la realización de tareas, menor la capacidad para pensar y actuar correctamente, y menor la capacidad de sorprender al alza.

La estructura de la organización debe ser dimensionada adecuadamente para los esfuerzos que se someterá.

La calidad es un concepto multidimensional, evaluada en diferentes factores y perspectivas, y varía de persona a persona.

La definición de la calidad se asume como algo posible sólo cuando se reduce el alcance del análisis.

Cristiano Ronaldo es un futbolista de calidad, pero sólo si tenemos en cuenta los delanteros.

Genéricamente, siempre es verdad que tener calidad es tener la capacidad de sorprender al alza. Es responder a lo que se espera y añadir algo más. Tener calidad implica ser excelente.

Limitarnos a responder a lo que se espera, sin añadir nada más, es simplemente ser suficiente.

La estructura limita los niveles de excelencia que la organización puede alcanzar, y por lo tanto, determina su nivel básico de calidad.

Una estructura deficiente, donde el trabajo producido viene con demasiados errores, inexactitudes u omisiones, implica costos para la organización.

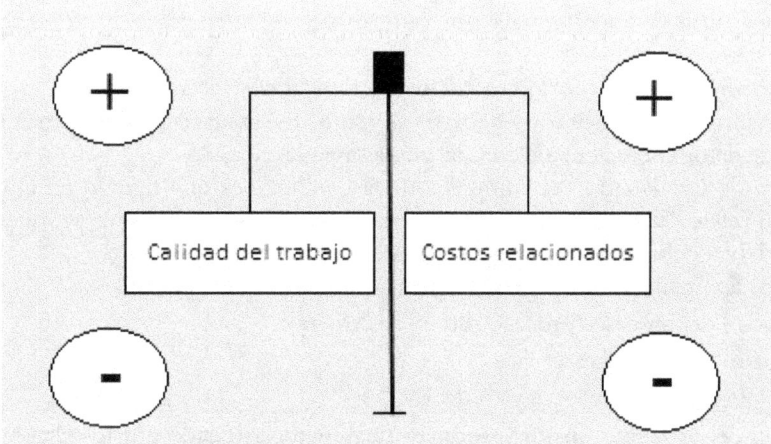

Figura 31 - Calidad del trabajo VS Costos relacionados

Existe una relación de equilibrio entre la calidad del trabajo producido y un conjunto de costos consecuentes.

Por ejemplo, si una línea de producción deja de producir más largo de dos días, debido a un error de mezcla de dos compuestos en la materia prima, esta falta de calidad provoca un coste para la empresa.

Los costos de la mala calidad del trabajo producido, raramente se cuantifican adecuadamente.

La ISO 9001 es una norma internacional, para la certificación del sistema de gestión de calidad.

Tiene la intención de certificar la conformidad de los productos y servicios de la organización con las normas establecidas, el compromiso con la satisfacción del cliente y un proceso de mejora continua.

ISO 9001 - Sistemas de Gestión de la Calidad
Enfoque basado en procesos

Objetivo / Campo Aplicación	Sistema de Gestión de la calidad	Responsabilidad de la Dirección	Gestión Recursos	Realización del Producto	Medición Análisis Mejora
Producto para cumplir con los requisitos del cliente	Documentación declaraciones manual procedimientos documentos Control de documentos Registros de control	Comprometer a la organización	Provisión de recursos	Planificación	Satisfacción del cliente
Aumentar la satisfacción del cliente	Control de documentos	Focus en el cliente	Recursos Humanos competencia formación conciencia	Procesos relacionados com el cliente	Auditoría interna
	Registros de control	Política de calidad	Infraestructuras	Requisitos del producto	Seguimiento y medición de los procesos
		Planificación integridad planificación - aplicación	Ambiente de trabajo	Revisión de los requisitos del producto	Seguimiento y medición del producto
		Responsabilidad y Autoridade		La comunicación con el cliente pre y post venta	Control del producto no conforme
		Comunicación interna		Diseño y Desarollo entradas salidas revisión verificación validación control de cambios	Análisis de Datos
		Revisión entrada salida		Compras	Mejora continua acciones correctivas acciones de prevención
				Producción y prestación del servicio control de la producción validación de los procesos identificación y trazabilidad conservación del producto	
				Control de dispositivos	

Figura 32 - ISO 9001, enfoque basado en procesos

El enfoque basado en procesos, que se presenta en la norma ISO 9001, es útil como herramienta de orientación de la construcción y análisis de los diferentes procesos, dentro de la empresa. Preséntanos algunos de los temas sobre los cuales podemos tener que actuar.

La certificación de la calidad no indica los datos específicos, como el mayor o menor número de denuncias registradas en un determinado espacio de tiempo, el grado de satisfacción del cliente expresada en los estudios de reconocimiento, o de datos sobre la evolución del clima organizacional.

Sólo se asegura de que la empresa cumple con las condiciones que figuran en el cuadro anterior, que rara vez significa que la organización tiene la calidad efectiva en sus procesos, y / o en sus productos y servicios.

Las empresas deben cultivar una verdadera demanda de calidad.

La estructura de la organización será crucial para:

- La calidad del proceso (procesos libres de errores);
- Velocidad de los procesos;
- Metodologías de monitoreo y control;
- Calidad del producto final (el producto final bien clasificado por los clientes en relación con los asuntos que se consideren relevantes);
- Capacidad de sorprender al alza;
- Capacidad para cumplir con los objetivos estratégicos.

La estructura debe garantizar un espacio para la creatividad.

2.3 EJECUCIÓN

Ejecución

La Ejecución es la Estructura expresando la Estrategia.
Lo que hacemos debe tener:
- Una razón (en la motivación y en la realización);
- Un objetivo;
- Un resultado.
La razón es diferente del objetivo, porque la razón define porqué hacemos algo, y el objetivo establece el resultado que queremos lograr.

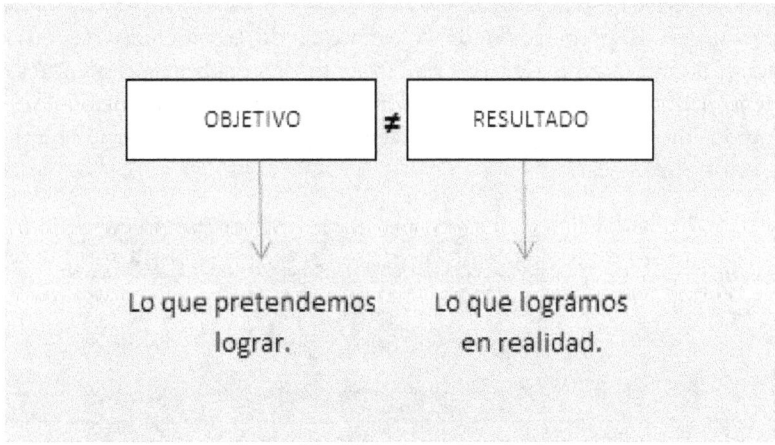

Figura 33 - Objetivo vs Resultado

Antes de que se complete la ejecución, no hay ninguna garantía de alcanzar los objetivos deseados.

Si tenemos la Estrategia y la Estructura adecuadas y bien definidas, la obtención de resultados que superan los objetivos puede ser mucho más fácil, si ponemos en marcha medidas sobre la base de los mecanismos de motivación y seguimiento.

Día a día, año tras año, con los mismos equipos, con las mismas características y en el mismo mercado, ¡las empresas a menudo se preguntan cada vez más resultados!...

¡Más y Mejor!...

Con la ayuda de la experiencia, la mejora continua de los procesos y la evolución del posicionamiento estratégico en el mercado, se puede conseguirlo por un cierto período de tiempo. ¡Período de tiempo esto que es necesariamente finito!

Más y Mejor…

Hacer mejor, significa que se lo hace con menos esfuerzo. En el esfuerzo, sólo se podía hacer lo mismo o peor. En esfuerzo excesivo, tendemos a perder claridad y comprensión.

En esfuerzo excesivo, la calidad del trabajo es menor.

En el estrés, disminuye la capacidad de sorprender al alza.

Hacer más, significa más trabajo.

Para lograr "más y mejor", consistentemente, es necesario que haya más trabajo sin esfuerzo. Tienes que estar inventando continuamente la rueda... ¡Es necesario tener creatividad!

Sorprendentemente, los resultados nos dan más satisfacción son los que se consiguen con gran esfuerzo, después de una entrega total, y que nos permitió alcanzar los objetivos que creíamos inalcanzables.

Esta satisfacción es algo que la organización de excelencia debe proporcionar a sus empleados, para que se aproveche todo el potencial de la organización.

El esfuerzo debe existir, debe ser solicitado y debe ser regocijado. Pero, debe haber una alta dosis de equilibrio. Poco después del esfuerzo, se debe proporcionar el resto.

En resumen, para una ejecución de excelencia, tenemos que trabajar más duro para conseguir, aunque sin pérdida de energía, y solicitamos esfuerzo oportuno para lograr niveles más altos de competencia.

¿Cuál es la forma más sencilla de lograr este propósito?

La contratación de talento.

El talento hace que hagamos más y mejor. El talento, nos lleva a obtener más resultados, con menos esfuerzo. El talento hace que los resultados surgen de manera natural.

La alternativa a contratar talento es descubrir el talento internamente, entre los miembros de la organización. Adaptarse las habilidades individuales de los empleados a las funciones que realizan.

La canalización del talento para las metas organizacionales, se logra a través de procesos de monitoreo y motivación.

Los procesos de motivación son importantes para que se pueda producir la manifestación de la creatividad individual de cada talento, y para que ocurra la realización personal a su máxima plenitud.

Los procesos de seguimiento son cruciales, para mantener a todos los empleados enfocados en los objetivos colectivos.

La primera línea de los procedimientos para la supervisión del rendimiento, son los KPI (Key Performance Indicators, los indicadores clave de rendimiento).

Como se mencionó en la preparación de la estrategia de la organización, en la sección sobre el Balanced Scorecard, la definición de indicadores clave de rendimiento debe cubrir la organización y los individuos. Este es el lugar ideal para crear un sentimiento natural de la contribución individual, al buen colectivo.

Ya hemos definido los objetivos de la organización, y actuamos para que la aplicación de la estrategia pueda ocurrir en apoyo de estos objetivos.

Anual KPI's - Ejemplo

Indicador de desempeño	Objetivo
Margen de comercialización	20,00%
Rentabilidad sobre fondos propios	5,00%
Venta anual	1.000.000,00

Venta anual	1.000.000,00
Línea de producto A	500.000,00
Producto A1	200.000,00
Producto A2	200.000,00
Producto A3	100.000,00
Línea de producto B	500.000,00
Producto B1	170.000,00
Producto B2	180.000,00
Producto B3	150.000,00

Margen de comercialización	
Gestion Producto A	25,00%
Gestion Producto B	15,00%

Implementación de mejoras operativas	Objetivo
Producción	6
Cobros	2
Comercialización	6
Pos venta	6

Figura 34 - Anual KPI's ejemplo 1

En este ejemplo, tenemos un conjunto que consta de tres objetivos financieros globales, y sus delegaciones por líneas de productos comercializados.

En este ejemplo, también tenemos un módulo de objetivos para implementar mejoras operativas.

La definición de este tipo de herramienta, de ayuda a la ejecución, permite el monitoreo del desempeño de la organización durante todo el año, dando a los administradores una mayor capacidad de sintonizar las velas, según el viento que se presenta. Las decisiones se basan en hechos, y pueden ser tan listas como la frecuencia de actualización de la información.

Anual KPI's - Ejemplo

Indicador de desempeño	Objetivo	Resultado	Desviación	Cumplimiento %
Margen de comercialización	20,00%	22,00%	2,00%	110,00%
Rentabilidad sobre fondos propios	5,00%	4,00%	-1,00%	80,00%
Venta anual	1.000.000,00	945.322,00	-54.678,00	94,53%
Venta anual	1.000.000,00	945.322,00	-54.678,00	94,53%
Línea de producto A	500.000,00	622.444,00	122.444,00	124,49%
Producto A1	200.000,00	112.678,00	-87.322,00	56,34%
Producto A2	200.000,00	245.990,00	45.990,00	123,00%
Producto A3	100.000,00	263.776,00	163.776,00	263,78%
Línea de producto B	500.000,00	322.878,00	-177.122,00	64,58%
Producto B1	170.000,00	171.500,00	1.500,00	100,88%
Producto B2	180.000,00	32.000,00	-148.000,00	17,78%
Producto B3	150.000,00	119.378,00	-30.622,00	79,59%
Margen de comercialización				
Gestion Producto A	25,00%	19,00%	-6,00%	76,00%
Gestion Producto B	15,00%	28,00%	13,00%	186,67%

Implementación de mejoras operativas	Objetivo	Resultado	Desviación	Cumplimiento %
Producción	6	9	3	150,00%
Cobros	2	1	-1	50,00%
Comercialización	6	4	-2	66,67%
Pos venta	6	7	1	116,67%

Figura 35 - Anual KPI's ejemplo 2

Tenga en cuenta que, después de un año, la compañía registró los resultados de la tabla anterior.

Ha sido capaz de ejecutar el deseado en sólo uno de los tres elementos principales. En sus líneas de productos, sólo tuvo éxito en el producto A en términos de ventas. En términos de margen de comercialización, sólo logró alcanzar el deseado en el producto B. Implementó 21 mejoras operativas, pero hay alcanzado el objetivo en sólo dos de las cuatro áreas fundamentales.

Si una organización concluir el año con esta actuación, se puede deducir que hubo poco seguimiento a lo largo del año, dadas las enormes diferencias que existen entre los resultados obtenidos, en las diferentes áreas de la empresa. También podemos deducir que será una organización con déficit en la comunicación entre los sectores, poco alineados entre sí en los objetivos colectivos.

Podríamos especular acerca de cómo algunos de los resultados han sido obtenidos. Por ejemplo, podríamos decir que, finalmente, el gerente de producto B puede haber ejercido una acción tan centrada en alcanzar su objetivo de margen de comercialización, que creó una situación de mayor dificultad en la venta del producto.

Anual KPI's - Ejemplo

Indicador de desempeño	Objetivo	Resultado	Desviación	Cumplimiento %
Margen de comercialización	20,00%	22,00%	2,00%	110,00%
Rentabilidad sobre fondos propios	5,00%	4,00%	-1,00%	80,00%
Venta anual	1.000.000,00	945.322,00	-54.678,00	94,53%
Venta anual	1.000.000,00	945.322,00	-54.678,00	94,53%
Línea de producto A	500.000,00	510.000,00	10.000,00	102,00%
Producto A1	200.000,00	163.125,00	-36.875,00	81,56%
Producto A2	200.000,00	245.990,00	45.990,00	123,00%
Producto A3	100.000,00	100.885,00	885,00	100,89%
Línea de producto B	500.000,00	435.322,00	-64.678,00	87,06%
Producto B1	170.000,00	168.500,00	-1.500,00	99,12%
Producto B2	180.000,00	144.675,00	-35.325,00	80,38%
Producto B3	150.000,00	122.147,00	-27.853,00	81,43%

Margen de comercialización				
Gestion Producto A	25,00%	19,00%	-6,00%	76,00%
Gestion Producto B	15,00%	26,00%	11,00%	173,33%

Implementación de mejoras operativas	Objetivo	Resultado	Desviación	Cumplimiento %
Producción	6	6	0	100,00%
Cobros	2	2	0	100,00%
Comercialización	6	6	0	100,00%
Pos venta	6	7	1	116,67%

Figura 36 - Anual KPI's ejemplo 3

Consideremos, de nuevo, que después de un año la compañía habría registrado estos datos.

Del mismo modo, consiguió llevar a cabo lo deseado en sólo uno de los tres temas principales. En sus líneas de productos, sólo tuvo éxito en el producto A en términos de ventas. En términos de margen de comercialización, sólo logró alcanzar el deseado en el producto B. También implementó 21 mejoras operativas, como antes, pero, esta vez llegó a la meta en todas las áreas operativas deseadas.

En un análisis más superficial, las dos actuaciones parecen muy similares.

¿Qué organización se prefiere usted?

Aunque parecen resultados similares, lo cierto es que la implementación de esta segunda empresa es superior. Hay desviaciones considerablemente más pequeñas de los objetivos establecidos, y fueran aplicadas acciones para la mejora operativa deseada. Es probable que, en esta segunda empresa, la comunicación sea más fluida dentro de la organización, y / o haya un mayor número de acciones a lo largo del año, en función de la supervisión de los resultados intermedios.

De conformidad con las desviaciones observadas entre los dos casos tenemos:

Caso práctico 1

Resultado	Global	Venta AB	Margen AB	Línea A	Línea B	Mejoras
artículo 1	110,00%	124,49%	76,00%	56,34%	100,88%	150,00%
artículo 2	80,00%	64,58%	186,67%	123,00%	17,78%	50,00%
artículo 3	94,53%			263,78%	79,59%	66,67%
artículo 4						116,67%
Promedio	94,84%	94,53%	131,33%	89,67%	59,33%	95,83%
Desviación media	10,10%	29,96%	55,33%	33,33%	41,55%	37,50%

Caso práctico 2

Resultado	Global	Venta AB	Margen AB	Línea A	Línea B	Mejoras
artículo 1	110,00%	102,00%	76,00%	81,56%	99,12%	100,00%
artículo 2	80,00%	87,06%	173,33%	123,00%	80,38%	100,00%
artículo 3	94,53%			100,89%	81,43%	100,00%
artículo 4						116,67%
Promedio	94,84%	94,53%	124,67%	102,28%	89,75%	104,17%
Desviación media	10,10%	7,47%	48,67%	20,72%	9,37%	6,25%

Figura 37 - Desviación media

A partir de este estudio de caso simple, cuyos matices textualmente se aplican *"ipsis verbis"* en la realidad, podemos tejer varias consideraciones importantes:

1- Establecer metas, por sí sólo, no mejora el funcionamiento de las empresas.

2- La definición de los objetivos, y su seguimiento a través del tiempo, es una ayuda en la implementación de planes de negocio.

3- Una concentración excesiva en los objetivos pone el foco de los empleados en sus intereses personales, y / o internos, y reduce la capacidad de centrarse en el cliente. El cliente es visto más como un medio para alcanzar los objetivos, de que como el destinatario final de las acciones de la organización.

4- Aumenta la tendencia a trabajar para la estadística, en detrimento del trabajo para el bien común. Pone el énfasis en los resultados, y pierde la visión de los procesos utilizados para alcanzarlos.

5- Aumenta la tendencia a evaluar a los empleados sobre la base de los resultados obtenidos, a menudo, sin tener en cuenta la calidad del trabajo desarrollado de manera efectiva, y sin tener en cuenta el nivel de conocimiento o potencial de las personas.

6- Si se produce la asignación exclusiva de los objetivos individuales, aumenta la tendencia a que los empleados se involucren en disputas internas en favor de sus intereses personales, incluso si esto ocurre a expensas de la organización. Usted puede perder la capacidad de ayuda mutua.

7- Si se produce la atribución exclusiva de objetivos colectivos, lo que debilita la unión del individuo frente a los objetivos colectivos, que, en el límite, puede conducir a la aparición de "parasitismo funcional" (a pesar de un menor o ningún rendimiento puede ocurrir que algunos trabajadores se beneficiarán de los esfuerzos de los demás).

A pesar de estos peligros, mezclando las metas de manera similar al de nuestro estudio de caso, se puede lograr que la organización se transcienda, alcanzando niveles de rendimiento por encima de cualquier punto de vista que, en un principio, se podría concebir.

La creación de estos marcos de trabajo para la supervisión del rendimiento es fundamental para la implementación de la excelencia, en la armonización de los objetivos colectivos con objetivos individuales, y permite que el personal se centre, diariamente, en hacer lo que hay que hacer.

El seguimiento de los indicadores clave de rendimiento es más eficiente que el seguimiento de los diagramas de Gantt (ejemplo en la página 40). Mientras en la metodología MPPO nos limitamos a realizar de acuerdo con el plan previamente establecido, en la cantidad y el tiempo previsto, aquí podemos crear la ambición de ir más allá de los objetivos previstos.

¿Qué nos lleva más allá: la cooperación o la competencia?

Cuando interactuamos con el objetivo de elevar nuestra capacidad colectiva, libre de los intereses individuales, aumentamos mucho el número, el alcance y la creatividad de las soluciones que se someten a análisis.

Las discusiones, en las que domina esta actitud dominante de cooperación, resultan en la ampliación de posibilidades de elección, y dan lugar a la adopción de soluciones que mejor sirven a los intereses de todos.

Cuando adoptamos una actitud de competencia, aumentamos la objetividad. Nos enfocamos más en lo que se necesita para lograr un determinado objetivo. Estamos en busca de soluciones que se reducen al logro de un objetivo específico: ganar.

Cuando reducimos, perdemos algo.

Ganamos la objetividad, sino la objetividad tiene un costo.

Perdimos la diversidad y la creatividad.

Hemos perdido la capacidad de sorprender al alza.

Hemos perdido la capacidad de excelencia.

Los debates que están dominados por la actitud de competencia, son útiles a nada más que darse cuenta de la fuerza relativa de las partes, con respecto al tema en discusión.

Cuanto mayor sea la actitud competitiva, menos se establece la comunicación entre las partes.

A pesar de la importancia de los procesos de seguimiento, los procesos de motivación adquieren aún mayor importancia.

La creación de un equilibrio, entre la competencia y la cooperación, es crucial para el rendimiento colectivo de excelencia.

A nivel empresarial, hay dos fuentes principales de motivación individual del empleado:

1- Realización personal
2- Compensación material

Para que se produzca la realización personal, las personas deben ser llamadas a ejecutar algo más que la simple tarea de sustitución de la máquina. El logro personal consiste en colocar el toque personal en nuestras acciones que desarrollamos. Implica la existencia de un espacio para la creatividad individual.

La realización personal, en carrera temprana, posee un valor relativamente alto para los empleados en general, porque, por supuesto, serán en un proceso de aprendizaje continuo y esto, en sí mismo, es motivador.

Ya que aumenta su permanencia en la organización, el sentimiento de realización personal en profesionales con experiencia, se vuelve cada vez más difícil elevar.

Es por eso que es importante que la empresa ofrezca un espacio para la expresión de la creatividad individual, mientras que el fortalecimiento del sentimiento de pertenencia a la organización.

Pero, la realización personal cubre los campos profesionales, familiares e individuales.

La asignación de una compensación material (sueldo, incentivos en efectivo, viajes y otros beneficios) es siempre importante. Además de que la gente pueda satisfacer sus necesidades básicas, también puede permitir la realización personal de otras ambiciones, fuera de la esfera profesional.

El equilibrio entre las metas individuales y colectivas, se puede solicitar compartiendo la asignación de los incentivos materiales entre ambas, acumulativamente con la definición de una recompensa, para alinear el cumplimiento de los objetivos de la organización.

Tenemos la intención esencial de que todos los empleados van a competir consigo mismos para el mejor resultado posible, y trabajar con la organización en el logro de resultados extraordinarios.

Continuando con nuestro estudio de caso, podríamos haber establecido los siguientes objetivos de alineación:

Objetivos de Alineación	Objetivo	Peso %
# Áreas com desviación negativa = 0,00%	4	50,00%
% cumplimiento de pares	100,00%	50,00%

Figura 38 - Objetivos de alineación

La pretensión de registrar, al final del año, un número mínimo de áreas con desviación negativa igual a cuatro (no seis), significa la creación de una meta alcanzable, pero superable, y al mismo tiempo, estimula la capacidad de superación colectiva. Se consigue que todas las áreas busquen, entre sí, la construcción de puentes interdepartamentales de ayuda mutua espontánea.

Pretender que las áreas de acción similar alcanzan a sus objetivos, también promueve la cooperación entre los profesionales que normalmente están en competencia directa entre sí (situación que podría dar lugar a la ocultación de un proceso de mejora, que se he practicado con éxito, en un sector determinado).

También se podría definir la forma de calcular el incentivo monetario, considerando una matriz para los tres objetivos fundamentales.

Ejemplo de incentivo monetario:

Objetivo	Alcanza 100,0%	Alcanza 110,0%	Alcanza 120,0%
Individual	1,00	1,20	1,50
Colectivo	1,00	1,20	1,50
Alineación	1,00	1,20	1,50

Figura 39 - Incentivo monetario

Ahora, cada empleado debe estar preocupado con el cumplimiento de los objetivos, de las otras áreas de su empresa, diferentes de la suya. Al mismo tiempo, también tiene que ver con el cumplimiento de los objetivos, por parte de los que ejercen la misma función.

Podemos multiplicar la unidad monetaria por cualquier valor que se quiera. Verá que tiene un efecto positivo en la motivación de los empleados, manteniendo el foco en los objetivos, individuales y colectivos.

Cada vez que alguien descubre una manera para mejorar un proceso, tiene un incentivo para tomar la iniciativa de divulgación a los miembros de la organización, para que puedan tomar ventaja de la información. Fomentan la comunicación y el intercambio de conocimientos.

También promueven la ayuda mutua.

Conseguimos que cada empleado se preocupe de forma simultánea con el rendimiento individual y colectivo, como es deseable y racional.

Caso práctico 2

Resultado	Global	Venta AB	Margen AB	Línea A	Línea B	Mejoras
artículo 1	110,00%	102,00%	76,00%	81,56%	99,12%	100,00%
artículo 2	80,00%	87,06%	173,33%	123,00%	80,38%	100,00%
artículo 3	94,53%			100,89%	81,43%	100,00%
artículo 4						116,67%
Promedio	94,84%	94,53%	124,67%	102,28%	89,75%	104,17%
Desviación media	10,10%	7,47%	48,67%	20,72%	9,37%	6,25%
Desv. media <0	-12,73%	-12,94%	-24,00%	-18,44%	-19,10%	0,00%

Figura 40 - Caso práctico 2, desviación media

En nuestro ejemplo, el cálculo del incentivo del Gerente de Producto B sería lo siguiente:

Gerente de Producto - Línea B	Objetivo	Resultado	Cumplimiento%	Incentivo	
Objetivos individuales	Peso	40,00%		0,30	a)
Margen comercialización	0,15	0,26	173,33	1,50	
Venta Línea Producto B	500.000,00	435.322,00	87,06	0,00	
TOTAL				0,75	
Objetivos colectivos	Peso	30,00%		0,18	b)
Margen comercialización	0,20	0,22	110,00	1,20	
Venta anual	1.000.000,00	945.322,00	94,53	0,00	
TOTAL				0,60	
Objetivos de alineación	Peso	30,00%		0,10	c)
Implementación mejoras operativas	6	6,00	100,00	1,00	
# áreas sin desviación negativa	4	1,00	0,00	0,00	
% cumplimiento de los pares	100,00%	[1] 0,00	0,00	0,00	
TOTAL				0,33	
[1] Resultados en "0,00" porque el gerente de producto A no cumplió sus metas individuales.				0,58	d)

a) 0,30 = 40% x (1,50 + 0,00) / 2
b) 0,18 = 30% x (1,20 + 0,00) / 2
c) 0,10 = 30% x (1,00 + 0,00 + 0,00) / 3
d) 0,58 = 0,30 + 0,18 + 0,10

Figura 41 - Incentivo del Gerente de Producto B

El gerente de producto de la línea B recibiría un incentivo, al final del año, de 0,58 x cantidad base del incentivo anual.

Con estos supuestos, si la empresa había superado las expectativas en todos los artículos, alcanzando 120,0% de cumplimiento de los objetivos en las tres líneas, ese mismo director recibiría 1,50 x valor base del incentivo anual.

Si tan sólo se cuantifican los objetivos individuales, el gerente recibiría 0,75 x valor base del objetivo.

Registrar en cuenta la perspectiva de la negociación colectiva, permite a la organización mantener las ventajas de la objetividad de los empleados en el desempeño de sus tareas individuales, mientras sensibiliza a la importancia del buen rendimiento colectivo.

El uso de tres líneas de objetivos, tiene el inconveniente de una mayor complejidad en el cálculo de los valores de los incentivos anuales, de cada empleado. Este aumento de la complejidad en el cálculo, se asocia con un aumento de la dificultad para que la gente entienda su funcionamiento.

Superada esta barrera, el desempeño organizacional se orienta hacia una situación de mayor capacidad de superación colectiva, lo que permitirá obtener una importante ventaja competitiva sobre la competencia, ·con consecuencias muy positivas en el mediano plazo.

Los incentivos monetarios así definidos pueden complementarse con otro tipo de compensación individual y colectiva, como viajes, premios materiales, entrenamiento personal, el acceso a los acontecimientos extraordinarios y similares. Para definir este tipo de compensación material no monetaria, es importante que la empresa sea segura de que hacerlo constituirá una motivación para los empleados.

La Ejecución no depende sólo de la objetividad de los empleados, en el desempeño de sus tareas.

La Ejecución también depende de la ausencia de errores, en la realización de las tareas.

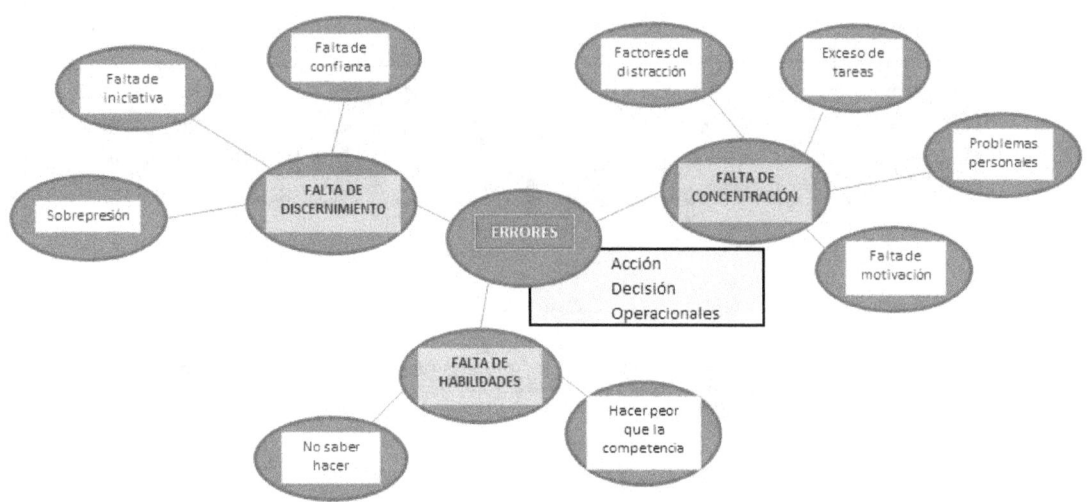

Figura 42 - Errores

Hay errores de decisión, acción y errores operacionales.

Los errores son el resultado directo de tres debilidades fundamentales: falta de competencias, falta de discernimiento y la falta de concentración.

A su vez, cada una de estas deficiencias puede ser causada por puntos claramente identificables. Su comprensión ayuda a la gestión de la empresa para el desarrollo de las acciones correctas, que minimicen o eliminen los errores.

La falta de discernimiento, por lo general, proviene de los aspectos emocionales. La gente no toma la decisión correcta al no sentirse seguro, porque se sienten presionados, o simplemente prefieren no decidir o diferir las decisiones, en una actitud de defensa. Puede haber otras causas de la falta de discernimiento, como ansiedad excesiva, pero esto tiende a ser un factor más localizado e individual. Normalmente, en general, no se detecta de forma simultánea en varios individuos dentro de la misma organización.

La falta de concentración, a menudo, ha resultado en aspectos más funcionales. La falta de organización y / o el flujo de procesos mal definidos, puede crear dificultades para concentrarse en la realización de las tareas, lo que conduce a errores. La falta de concentración también puede ser causada por problemas emocionales, tales como problemas personales, pero estas cuestiones sólo deben ser una preocupación de toda la organización, cuando aparecen en términos generales, de manera simultánea, en muchas personas.

La falta de habilidades para realizar las tareas se puede superar con la formación, el reajuste de las personas en la función, y / o la contratación de talento.

Sin embargo, hay que tener cuidado de no confundir la aparición de errores debido a la falta de errores de concentración o de juicio, con la falta de competencia. Son situaciones diferentes y por veces no se distingue fácilmente de uno al otro. Es un error muy costoso si prescindir de un oficial de gran potencial, a causa de un error de evaluación de esta naturaleza.

Un proceso para la reducción de errores implica el aumento de los niveles de confianza de los empleados:
- Ajustar la estructura de la organización;
- Establecer objetivos apropiados;
- Exigir concentración;
- Desarrollar competencias;
- Crear factores de motivación;
- Implementar mejoras en la comunicación organizacional.

La Ejecución también depende de un buen mantenimiento de la capacidad operativa de la empresa.

Tanto la realización personal como la compensación material están directamente vinculadas a la motivación de los empleados. La satisfacción de un trabajo bien hecho, va más allá de la compensación material.

Si existen atropellos, en el funcionamiento normal y en la ejecución de las tareas, el empleado se siente decepcionado, porque siente que hacen que sea difícil de lograr los objetivos deseados. Y esta dificultad es superior a su rango.

Sólo manteniendo una buena capacidad operativa, será capaz de obtener el máximo efecto positivo, resultante de la aplicación de un esquema similar al de los incentivos ejemplificados.

Sólo manteniendo una buena capacidad operativa, sigue manteniendo la Onda Positiva.

La capacidad operativa óptima catapultará la motivación de los empleados a niveles altos, promoviendo la dedicación individual y la objetividad colectiva. El sucesivo lograr de los objetivos individuales y colectivos, crea un círculo virtuoso de alegría y bienestar, dentro de la empresa.

Mantener una buena capacidad operativa es la base de la organización y, como tal, es un área importante de la responsabilidad de la dirección de la empresa.

Manteniendo una buena capacidad operativa, define condiciones para que los empleados sorprendan por lo positivo y… ¡sean excelentes!

Equipo - Racional			
Nivel 5: Mejorar continuamente	Las decisiones inherentes a la estrategia de la organización se ponen continuamente en tela de juicio por la dirección de la empresa, tratando de analizar las diferentes perspectivas y posibilidades. La cultura de la empresa se consolida a través de una comunicación efectiva y permanente que se manifiesta en las palabras y acciones, y en el aumento de los niveles de servicio.	Herramientas, los flujos de producción y de la cadena de tareas se revisan continuamente para aumentar su productividad y asegurar la idoneidad de los procesos de producción. El control de calidad implica recursos internos y externos a la organización, desde diferentes perspectivas y aprovechando al máximo las economías de experiencia.	Se realizan consideraciones sobre la realización personal y la compensación material de los trabajadores y se asegura la coordinación eficaz con la definición de los objetivos individuales y colectivos. La alineación entre todos es una preocupación constante, y se aseguran procesos que aumentan la calidad general, ya sea a través de la comunicación o a través de la formación.
Nivel 4: Foco en la fiabilidad	El liderazgo de la organización garantiza una vigilancia constante en relación a las circunstancias internas y externas sobre las que la empresa evoluciona. La compañía se prepara continuamente para las adversidades y oportunidades. La comunicación es fluida haciendo que se entiendan y se enmarquen los ajustes a realizar con los objetivos que se desea alcanzar.	Calidad y velocidad de los procesos basadas en metodologías de seguimiento y control. La implementación de los cambios se lleva a cabo con rapidez y eficacia, basada en una comunicación fluida dentro de la organización. La calidad del producto final es alabado por los clientes y la organización tiene capacidad de sorprender al alza.	La organización asegura que los objetivos a alcanzar están en línea con la capacidad operativa de la empresa y la debida consideración de los aspectos motivacionales de los empleados. La comunicación organizacional es actuante en el pasado (resultados parciales) y en el futuro (efecto motivador). Los aumentos en la intensidad son posibles dependiendo de las necesidades de producción.
Nivel 3: Modo visual	Existe una conciencia generalizada entre los empleados con respecto a los objetivos de la organización, a la plantilla de satisfacción de las necesidades de los clientes y a los puntos fuertes y débiles en el frente a la competencia. Los planes de acción son conocidos por todos y se consultan cuando sea necesario.	Se observa que la estructura se revela adecuada y adaptada a la Estrategia, con uniformidad de los procesos y la reducción de la ocurrencia de errores y quejas. Se crean los soportes de apoyo a la correcta ejecución de los procedimientos. La comunicación dentro de la empresa es fácil y se presentan procesos rápidos.	Objetivos colectivos, individuales y de alineación son conocidos y consultados por todos. Los mecanismos del seguimiento están disponibles para su consulta y el monitoreo regular es eficaz en la detección de necesidades correctivas. La aparición de errores de ejecución se registra y cada tipo de error es catalogado correctamente.
Nivel 2: Foco en el básico	La dirección de la organización es consciente del servicio previsto y este modelo tiene en cuenta tanto la satisfacción de las necesidades del cliente, como el posicionamiento de la competencia. Las ideas y los objetivos son comunicados a los empleados y hay planes de acción preparados por la orientación de la acción.	Personas, instalaciones, dispositivos y herramientas son adecuados para la búsqueda de la estrategia de la organización. Están debidamente definidos los procesos de trabajo y se estandariza las prácticas de sí mismos. Se refuerza toda la estructura de conexión entre ellos, ya sea mediante el aumento de organización y método, ya sea a través de la comunicación.	Se define previamente los objetivos durante un período de tiempo dado. Objetivos colectivos, individuales y de alineación, están definidos. Los mecanismos para el seguimiento y verificación de los resultados parciales se crean permitiendo acciones correctivas que se producen durante la ejecución de la obra.
Nivel 1: Empezando	No hay planes específicos para las acciones tomadas. Las ideas y los objetivos de la organización son percibidos de manera diferente de empleado a empleado. Hay una cuenta de magro de las circunstancias y el entorno en el que se realizan los negocios.	Se presentan los componentes de la estructura de la empresa poco vinculados entre sí y no tienen en cuenta la búsqueda de una estrategia. Los procesos de trabajo no son uniformes y tienen muchos errores y quejas. El grado de libertad propuesto por el marco puede no ser adecuado a la realidad de la organización.	Los resultados obtenidos al final de un cierto período de tiempo no se comparan con un marco de objetivos. Las acciones se desarrollan de acuerdo a los objetivos individuales de cada trabajador y no siempre tienen en cuenta los objetivos colectivos de la organización. En general, no hay preocupación por el rendimiento colectivo.
Ponga una marca amarilla que indica el nivel de rendimiento Racional en cada área	Estrategia	Estructura	Ejecución

Figura 43 - Equipo - Racional

2.4 COMUNICACIÓN

Comunicación

Estrategia, Estructura e Ejecución son la parte racional de cualquier Equipo.

La comunicación es el primer elemento emocional, en la formación de Equipos.

Al nivel emocional, hay múltiples factores que influyen en la interacción entre los empleados de una empresa. La cultura de la gente, la cultura de la empresa, la edad media de los empleados, la ramificación jerárquica y / o niveles de responsabilidad, todo puede condicionar el comportamiento emocional de la organización.

Sin embargo, hay algunos aspectos que tienen impacto emocional en la organización, y su ámbito de aplicación en el rendimiento del equipo no depende de la cultura de las personas, del área geográfica del mundo donde la organización recluta a miembros, o cualquier factor externo al ser humano.

Hay factores emocionales que están presentes en cualquier equipo, sea cual sea su origen étnico, geográfico, académico u ocupacional.

Los principales factores emocionales que influyen en el rendimiento de un Equipo, son la Comunicación, el Compromiso y la Ayuda Mutua.

Para nosotros, es mucho más fácil acercarse a temas racionales, que profundizar los temas emocionales.

Por lo general, cuando profundizamos los temas emocionales, ¡terminamos racionalizando nuestro pensamiento!...

La verdad es que la forma en que estructuramos el pensamiento emocional, depende de un complejo conjunto de variables. Estas variables, mutables en función de las circunstancias, también son dependientes de la amplia gama de experiencias que cada ser humano tiene.

Cada ser humano es un misterio por descubrir.

En este contexto, los flujos emocionales dentro de las empresas son algo que, de alguna manera, se puede caracterizar por la existencia de una falta de control.

Es común asignar al liderazgo la responsabilidad de la existencia, o no existencia, de buenos ambientes de trabajo.

No siendo de la exclusiva responsabilidad de los directivos, la verdad es que son sin duda los supervisores que determinan muchas de las reglas explícitas, e implícitas, sobre las cuales el equipo evoluciona. En consecuencia, el liderazgo permite, prohíbe, estimula o inhibe el comportamiento entre las personas. Para todo ser humano, fundaciones como el respeto y la dignidad, no se puedan peligrar para no deteriorar la calidad de las relaciones. Para todo ser humano, la expresión de su talento aumenta su autoestima.

A menudo, las empresas proceden deliberadamente, hacía pasar por alto el aspecto emocional de la organización. Suponen que el empleado debe ser siempre "profesional", manteniendo la postura "ejemplar", independientemente de los problemas personales que lo pueden afligir.

En este tipo de organizaciones, la gente tiende a mantener una postura de mayor frialdad y distancia de separación. Pierden "proximidad". Pierden la capacidad para la empatía, la comprensión y el compromiso. Mantienen relaciones de mutuo interés.

La participación de las personas en una actividad puede ser forzada o voluntaria.

"La creatividad se basa en la fusión de la intuición y la razón."

Jonas Salk

Cuando se forzar la participación, la falta de voluntad de hacer del participante, no es propicia para obtener buenos resultados.

Sólo la participación voluntaria puede catapultar los resultados de una empresa.

Los seres humanos tienen una tendencia a asentarse, para actuar dentro de sus zonas de comodidad, y para evitar tomar riesgos o hacer esfuerzos que consideren innecesarios.

Esta faceta pone una barrera a nivel de los resultados que se puede obtener.

Esta barrera se debe retirar.

Por lo general, es bueno que haya un requerimiento de energía a la participación, y un fuerte enfoque en la consecución de resultados, para que el participante ponga más energía en la tarea, de lo que haría normalmente.

Acompañando esta participación obligatoria, de las razones porqué se hacen las acciones, teniendo en cuenta la importancia y el propósito de la empresa, se alcanza el sentido voluntario de los participantes, y se coloca el equipo en el sendero de los desempeños de excelencia.

La excelencia, de las actuaciones en el equipo, sólo es posible cuando los participantes contribuyen activamente con propuestas de actuación, y acciones creativas.

Esta participación de los miembros de la organización aumenta la capacidad del grupo, más allá del nivel que la gestión podría considerar posible.

Y así se realiza el "imposible"…

En las organizaciones únicamente racionales, hay severos déficits de comunicación, y los desempeños rara vez son de excelencia.

La comunicación es verdadera cuando se alienta a las opiniones disidentes, y la confianza es grande.

El respeto, la apertura mental, la unidad y la cooperación. Participación y compromiso. ¡Diferentes personas, objetivos comunes!

En las empresas simplemente racionales, ¡en lugar de comunicación existe información!

Sea consciente de la diferencia entre información y comunicación:

Figura 44 - Información vs Comunicación

Informar es esencialmente un proceso unidireccional.

Comunicar es un proceso bidireccional.

Cuando la empresa fundamenta relaciones interpersonales, en los procesos de información, la gente tiende a mirar, oír y hablar.

Pero, mirar no siempre significa ver, oír no siempre significa entender, y hablar no siempre significa decir.

Comunicar implica observar, escuchar y expresar.

Comunicar implica que se sea auténtico.

Originales en cómo se sienten y tocan a otras personas.

Figura 45 - Comunicar: sentir, tocar

Para que la comunicación sea fluida, dentro de la organización, tiene que ocurrir de forma espontánea. Para ello, debe haber una natural preocupación por los demás, y exista disponibilidad global para ayudar y ser ayudado.

¡La comunicación implica el intercambio!

La comunicación es un acto voluntario, que se establece en la buena fe.

Típicamente, se establece la comunicación cuando se espera que se produzca una acción de retorno.

Comunicar es importante para el desempeño de cualquier equipo de excelencia.

En una organización, los directivos jerárquicos asumen una responsabilidad importante para crear la unidad.

Figura 46 - Comunicación: unidad, diversidad

Los supervisores, también asumen una responsabilidad importante para crear la diversidad. Para ello, tienen que mostrar una gran capacidad para escuchar, ante sus subordinados.

Todos tenemos la capacidad creativa.

Para la capacidad creativa se manifestar, la gente debe sentir que no está bajo amenaza (de perder sus puestos de trabajo, de ridículo, de ser ofendido, etc.). Sólo de este modo se crea un entorno propicio para la innovación y el desarrollo de su creatividad, y / o sus talentos, en todo su esplendor. La gente todavía debe desear hacerlo. Debe sentir que sus ideas puedan ser aceptadas, y sentir que tienen la libertad de expresión para las afirmar.

La buena fe, el respeto y la dignidad, son las palabras clave en el compromiso de su organización, con la excelencia en la comunicación.

Sólo mediante la comunicación puede ocurrir la liberación de la creatividad, y el mantenimiento de la capacidad de sorprender al alza.

¡Hay que comunicar para ser excelente!

La explosión de la creatividad surge cuando la base de la organización se comunica con la parte superior y presenta propuestas diversas, sobre diferentes aspectos, y con variadas perspectivas y enfoques.

Establecida la comunicación, de dos vías, se enriquece y fortalece la empresa.

La comunicación efectiva es extremadamente difícil de conseguir.

Lo que pensamos, raramente es exactamente lo que podemos decir. Aquí, hay una pérdida entre lo que sentimos y lo que podemos comunicar.

En la mayoría de los canales de comunicación que utilizamos, a menudo, hay "ruido", que impide que el mensaje sea entendido como se le dio.

Por último, el destinatario ve el mensaje "a su manera". "A su manera", porque la interpretación que cada uno de nosotros hace de lo que ve y oye, depende de nuestra propia referencia individual, y esta es el resultado de la acumulación de experiencias y conocimientos adquiridos a través del tiempo, y difiere de persona a persona.

La capacidad de expresión del emisor, y la capacidad de escuchar del receptor, afectan la eficacia de la comunicación. Las diferencias entre ellos, en términos de referencias y símbolos personales, hacen que la interpretación del mensaje va variar entre las partes interesadas, en el proceso de comunicación.

Lo que es pensado por el emisor es, casi siempre, diferente de lo que es percibido por el receptor.

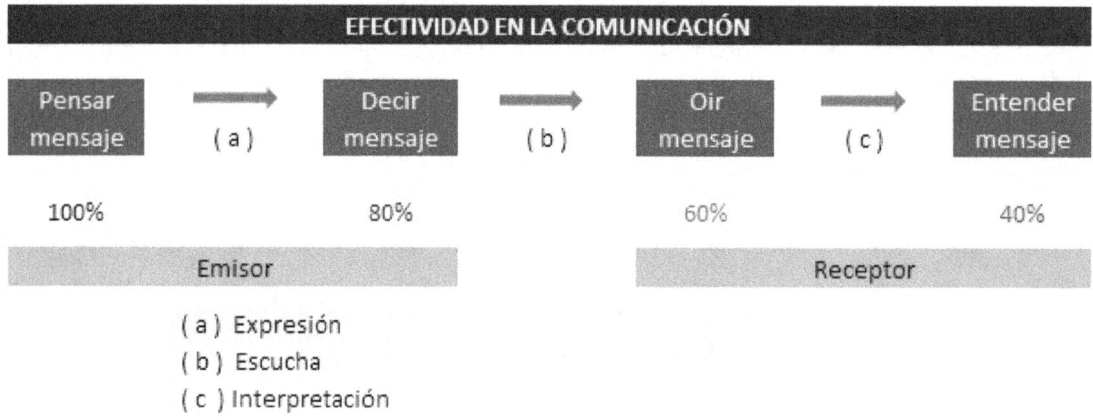

Figura 47 - Efectividad en la comunicación

Para existir comunicación, el emisor y el receptor tienen que cambiar de posición, intermitente y frecuentemente.

En una organización, los gerentes tienen que exponer sus principios y puntos de vista, y ser capaces de escuchar a los empleados, haciendo preguntas como:
- ¿Cuáles son sus sugerencias?
- ¿Cuál es su opinión?
- ¿Por lo que se tiene en cuenta esta solución?

Un buen comunicador tiene una gran capacidad para expresar sus ideas y opiniones, y mucha humildad para aprender de otras personas: escuchar atentamente, comprender y aprender de lo que acabo de dar cuenta.

¿Cuál es el mayor enemigo de la comunicación?

El prejuicio.

Los prejuicios son enemigos de la comunicación. Tenga cuidado con los conceptos que tiene. A pesar de que pueden haber tenido aplicabilidad en el pasado, el futuro, a menudo, presentará una realidad diferente.

¿Nuestro concepto se sigue aplicando?

En nuestro día a día, tomamos decisiones y hacemos acciones en el supuesto de que son la mejor opción que nos hemos, dado a la información disponible. Parte de la "información disponible", son los prejuicios que tenemos. Es lo que creemos que es verdad. Dadas las circunstancias actuales, lo que creemos que es verdad, determina la forma en que nos comunicamos. Muchas veces, estamos tan seguros de tener la razón que le damos nuestra capacidad de observar, antes de decidir y antes de actuar. Dejamos de reunir información adicional.

Hablamos con nuestro hijo, sin darse cuenta de que él está escuchando música con los auriculares puestos…

La mejora de la comunicación, dentro de una organización, requiere el desarrollo de una cultura de diálogo y de intercambio.

Este desarrollo tiene que basarse en un conjunto estructurado de prácticas, para que la comunicación ocurra de forma espontánea, voluntaria, rutinaria y ¡obligatoria!

Puede parecer una contradicción afirmar que la comunicación debe ser voluntaria y obligatoria. Voluntaria, porque tiene que surgir de la voluntad de la gente. Obligatoria, ¡porque tiene que suceder! Tenemos que tener un sentido de la obligación de exigir de nosotros mismos, y de los demás, un conjunto de comportamientos, actitudes y resultados. No puede haber excelencia sin requisito. Sólo tenemos que asegurar que el requisito se procesa saludable y correctamente.

Las prácticas de desarrollo de la comunicación deben tener en cuenta sus aspectos formales:
- Medio Ambiente, dónde se está desarrollando el proceso;
- Medio de comunicación utilizado;
- Canal de propagación del mensaje;
- Forma del mensaje.

Dependiendo de la cultura de la organización, y de sus propias especificidades internas, por lo tanto debe tratar de encontrar las formas más adecuadas para fomentar la comunicación, dentro de la empresa. Un formato determinado, medios de comunicación y la difusión de canales, pueden ser adecuados en la misma empresa en un momento determinado, y no lo ser en otra circunstancia diferente.

Los líderes de las empresas deben darse cuenta, en lo posible, qué grado de libertad existe en la organización: la libertad de expresión, la libertad de elección, la libertad de acción.

Entendiendo el grado de libertad de las personas en conjunto, debemos cuestionar a qué niveles se exhiben ciertas capacidades, en la parte superior e inferior de la empresa:
- Capacidad de escucha;
- Capacidad de debate constructivo;
- Capacidad para encontrar soluciones conjuntas.

No hay confianza mutua sin la proximidad. No existe una cercanía emocional sin empatía, comprensión o compromiso.

Fomentar la confianza mutua es hacer de la empresa un buen lugar para se estar.

Se consigue a través de la mejora de todo el proceso de comunicación.

Figura 48 - Esquema general de la comunicación

¿Cómo podemos fomentar la comunicación dentro de la empresa?

Más adelante, veremos como el mantenimiento del Soporte Estructurado de Información, y el proceso de Simplificación Centrada, contribuyen decisivamente a elevar la comunicación dentro de la empresa.

JOSÉ RODRIGUES

2.5 COMPROMISO

Compromiso

¿Cómo obtener pleno compromiso de toda la organización?

No es una pregunta fácil de responder.

La tarea se nos pone un poco más fácil, si se comienza por identificar las causas por las que las personas no se esfuerzan.

Algunas de las razones para que las personas no se dediquen en el ejercicio de sus funciones y deberes, son los siguientes:

- Comodidad;
- Indiferencia;
- Desmotivación.

Comodidad

Para cada uno de nosotros, es muy cómodo y conveniente, conseguir lo que necesitamos sin esfuerzo de nuestra parte.

Esta es una de las principales razones de la falta de compromiso. Es inherente a la naturaleza humana, la adhesión a la "ley del mínimo esfuerzo".

En el pasado, los gerentes han entendido esta faceta en sus subordinados, e ¡inventaron el látigo!...

La actitud de la pereza, no es aceptable, luego se debe entender y combatir.

Las actitudes de falta de compromiso, a menudo, se presentan como una manifestación de situaciones de falta de confianza. La persona trata de hacer lo menos posible para no exponerse a las críticas de los demás.

Tenemos un tipo de promoción 2 en 1: llega a ser naturalmente conveniente no tener que esforzarse, y esta actitud todavía llega "agraciada" con la protección frente a las críticas…

Cuando la comodidad es consecuencia de una situación de falta de confianza, por parte de los empleados, se necesita proporcionar un entorno propicio para emerger el potencial de los empleados, y aumentar su seguridad en la realización de las tareas.

En estos casos, hay que ser conscientes de que la transición, de un estadio de comodidad para un estadio de dedicación, requiere que se pase un camino cuya longitud es relativamente larga.

En otros casos, aquellos en los que al comodidad se apoya en la "ley del mínimo esfuerzo", en la que el empleado considera suficiente tener su salario garantizado, sin preocuparse de nada más, es necesario crear en ello su propia disciplina. Desarrollar una cultura de progreso y crecimiento personal.

Indiferencia

La indiferencia es enemiga del compromiso. Al ser menos frecuente que la pereza o la falta de motivación, la indiferencia es extremadamente difícil de combatir.

La indiferencia significa una profunda devaluación del trabajo. Se distingue de la comodidad, aunque ambos sucedan conscientemente. Mientras que en la comodidad el trabajador busca hacer lo menos posible, en la indiferencia, el trabajador devalúa su trabajo y el grupo, asignando el mismo valor, independientemente del esfuerzo o del resultado final producidos.

Cambiar el comportamiento de estas personas, consiste en conseguir entender lo que es valorado por ellos. Lo que implica percibir a qué funciones y tareas atribuyen verdadero significado.

Desmotivación

La desmotivación es la principal causa de la falta de compromiso.

La desmotivación se distingue de la indiferencia, porque la persona desmotivada agradece su trabajo.

El individuo sin motivación, no está obteniendo la satisfacción con su trabajo.

La desmotivación puede tener una amplia gama de causas, pero hay algunas que tienen un origen directo en la organización:

- Los supervisores y / o compañeros de trabajo que critican y / o ridiculizan a las otras personas de manera injustificada;
- Establecimiento de objetivos percibidos como inalcanzables;
- Ejecución de tareas sucesivamente "saboteadas" por factores externos al individuo (por ejemplo, cuando las fallas intermitentes de corriente eléctrica impiden una fábrica de trabajar varias veces durante un mes);
- Siente que el esfuerzo no es suficientemente recompensado;
- Inadecuada asignación de tareas que requieren que el empleado siéntase obligado a hacer algo que no le gusta (por ejemplo, la asignación al director de recursos humanos de la responsabilidad de elegir a despedir a seis empleados por la simple necesidad de reducir los costos);
- Sentir que debe hacer algo con qué no está de acuerdo (como tener que vender pasta de dientes para desdentados).

La desmotivación es otra que la comodidad, porque el individuo no motivado incluso puede desarrollar su trabajo muy duro, pero se ejecuta sin alegría y con un rendimiento por debajo de su potencial.

Por el compromiso de los empleados, se tiene que luchar en contra de la comodidad, la indiferencia y la falta de motivación, y seguir promoviendo la alegría.

En un grupo de trabajo, tenemos que obtener el compromiso de todos, satisfaciendo las necesidades individuales de cada uno.

En el capítulo "Introducción", vimos que las conductas de las personas están condicionadas por un marco cultural (lo que creemos, hábitos, prácticas y tradiciones), y una pantalla de las motivaciones individuales (dinero, poder, reconocimiento, satisfacción, seguridad, el placer, la independencia / autonomía y otras necesidades).

Para motivar a la gente a la acción, es necesario construir bases seguras: definir claramente lo que se quiere lograr y crear un ambiente sólido de confianza y disciplina.

Crear en los empleados un sentimiento de identidad cultural, dando sentido y propósito a sus acciones individuales y a las actividades de la empresa, en una unión de valores compartidos.

Reconocemos el compromiso cuando verificamos que la persona dio lo mejor de sí misma, con dedicación, determinación e intensidad.

Esta intensidad debe tener una perpetuidad temporal. Implica tener la paciencia para lograr el resultado deseado, y la persistencia para superar las dificultades que se presenten, siempre creyendo con fe inquebrantable.

Cuando hay compromiso, hay concentración y objetividad.

En una organización, para que la gente siéntase comprometida, debe sentir que es parte de algo grande. Reconocen y son reconocidos. Hacen los caminos juntos, paso a paso. Las distancias, más largas, se alcanzan después de superar los obstáculos más cercanos. Se recuerden las derrotas como un error que se produjo cuando intentamos acertar. Se celebran adecuadamente las victorias.

El compromiso no es fruto del azar.

El compromiso de un equipo es el resultado de un racional bien diseñado (en términos de estrategia y estructura), y muy bien comunicado, lo que permite a los comportamientos de las personas una evolución de forma natural, hacia el cumplimiento de sus necesidades individuales.

El mantenimiento de los niveles de compromiso es el resultado directo de la capacidad de la empresa para cumplir con la pantalla de motivaciones individuales, respetando el marco cultural que cada persona tiene.

En resumen, podemos decir que para que la organización pueda obtener el compromiso de sus empleados, necesita crear las condiciones para el desarrollo personal, con el ejercicio de las tareas qué el trabajador asigna verdadero significado, en la consecución de objetivos individuales y colectivos, sintiendo los trabajadores que ahí es su lugar.

Una organización comprometida, necesariamente, tiene una cultura bien definida.

Siempre debemos estar atentos a las situaciones que pueden desencadenar la desmotivación, la indiferencia y la comodidad. Cuanto más alto sea el nivel de comunicación dentro de la empresa, mayor es la posibilidad de que este tipo de situaciones sean atacadas en las primeras etapas, y mayor la capacidad disciplinaria de la organización. La gente hace lo que tiene que hacer, porque lo quiere hacer. La gente pone la intensidad en sus acciones, debido a que quiere lograr sus objetivos.

La gente está comprometida porque tiene confianza en la acciones que se desarrollan, y está satisfecha con los resultados que obtiene.

Estar comprometido significa estar siendo recompensado adecuadamente, al nivel material, y al nivel emocional.

Una organización comprometida tiene una importante ventaja competitiva.

2.6 AYUDA MUTUA

Ayuda mutua

Ayudar y ser ayudado.

La ayuda mutua surge naturalmente cuando hay objetivos colectivos, comunes a dos o más personas.

Sin embargo, la identificación de objetivos colectivos comunes no es suficiente para garantizar que hay ayuda mutua entre las personas. Tiene que haber un requisito mínimo de confianza entre las partes, y el deseo sincero de contribuir al bienestar de los demás.

La confianza viene de la sucesión de respuestas positivas, que cada persona está dando a las demás, correspondiendo a las expectativas.

La confianza tiene un valor inmenso, que cabe destacar.

En consecuencia, las medidas que puedan conducir a la ruptura de la confianza entre los miembros de la organización deben ser completamente eliminadas, o reducidas tanto como sea posible.

Somos un recurso cuando confían en nosotros, y nosotros confiamos en los demás.

Tenemos más recursos dentro de la empresa.

La gente se concentra en lo que los colegas les van bien, piden ayuda y aprenden de ellos.

Cada empleado se valora, y es valorado.

La calidad es mejor que la cantidad. Es conveniente que cada empleado permanezca activo, atento y disponible. Responsable, competente y visible a sus compañeros.

De la interacción entre las personas, en última instancia, emerge un sentimiento natural de gratitud.

Gratitud saludable que no necesita de retorno inmediato.

La confianza se mantiene, luego que siguen siendo las conductas de honestidad, en las que cada persona es auténtica en las acciones, genuina en las reacciones y profesionalmente competente. El respeto mutuo se consolida paso a paso.

La primera palabra clave de ayuda mutua es la confianza.

En una organización donde la gente confía en las capacidades de cada uno, tienen bien identificados los objetivos colectivos y están dotados con la capacidad de comunicarse de manera efectiva con los demás, la ayuda mutua será una realidad. Hay voluntad de ayudar, y comodidad para pedir ayuda.

Este designio puede verse seriamente alterado por el conflicto de intereses, impulsados por la desenfrenada ambición individual.

A menudo, las personas que están buscando llegar al poder, devalúan el trabajo de sus compañeros, enfatizan lo poco que hacen ante sus jefes, y ocultan información que podría facilitar el trabajo de sus pares.

Mediante la práctica de estas acciones, se minará la confianza del grupo.

La confianza es sacudida, no sólo en la relación de esta persona con otros colegas, sino también entre los demás trabajadores, que adoptan todos a una postura de defensiva y contra ofensiva.

La ayuda mutua se convierte en un espejismo.

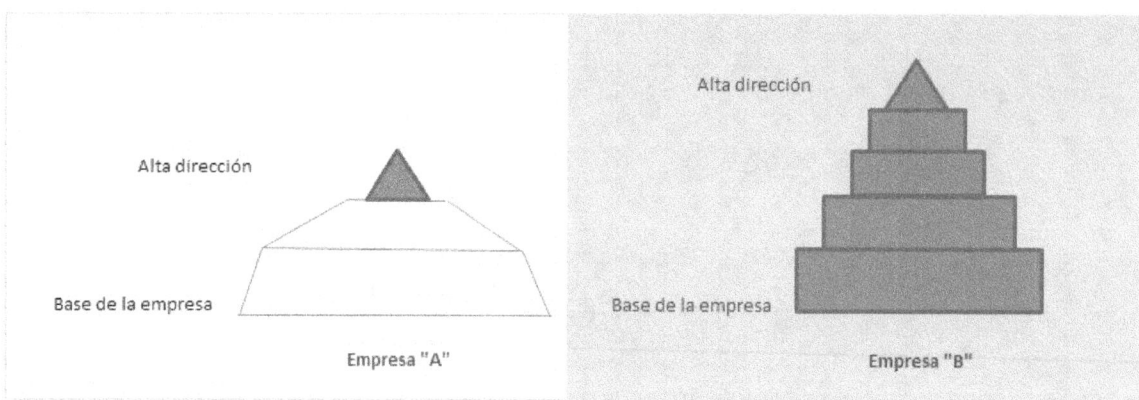

Figura 49 - Desde la base asta la alta dirección

¿En qué empresa preferiría estar?

¿Las actitudes negativas e individualistas serán más frecuentes en la empresa "A", o en la empresa "B"?

En las empresas con muchos niveles de jerarquías intermedias, es algo natural para los empleados dar prioridad a su visión del objetivo individual de progresión dentro de la empresa. Este efecto, es inferior en las organizaciones jerárquicamente más "planas".

La gente en la empresa "B" está lejos de la parte superior de la empresa. Siente una mayor necesidad de hacerse notable. La parte superior parece tan inaccesible que es mejor empezar ahora para llegar allí... Y no siempre se utilizan los medios correctos.

El aumento de la competencia se convierte en personas más individualistas, en sus acciones diarias.

En la empresa "A", las personas están más cerca y son más "iguales". Se relacionan de forma natural con otro tipo de apertura. La ayuda mutua viene con mucha más fuerza, y toda la organización se aprovecha de este hecho.

La lucha por el poder, y / o por la promoción, no será tan feroz.

Dados idénticos recursos potenciales, la empresa "A" adquiere una ventaja competitiva importante, al convertirse en más eficiente y, en última instancia, con mucha mayor capacidad de innovación.

La ayuda mutua en la organización depende en gran medida de los siguientes factores:

- Confianza de los empleados en sus capacidades y en las de sus colegas;
- Identificación de las metas colectivas;
- Eficacia de la comunicación organizacional;
- Complejidad de las estructuras jerárquicas definidas.

En una empresa donde las personas se dedican a la realización de sus funciones, cuando ese esfuerzo individual se complementa con la ayuda mutua colectiva, la organización estará en el camino hacia el éxito.

	Equipo - Emocional		
Nivel 5: Mejorar continuamente	Se fomenta la cultura del diálogo y el compartir. Aborreciendo los prejuicios y fomentando las propias conductas de buena fe, el respeto y la dignidad como el compromiso de la organización hacia la excelencia en la comunicación.	Se estimula el nivel de comunicación de manera que las situaciones de falta de compromiso sean atacadas temprano, buscando restaurar la confianza y la aplicación de intensidad. Se crean continuamente oportunidades para el desarrollo personal de los empleados, en busca de las tareas llenas de significado para el artista.	La forma en los flujos de comunicación entre las estructuras jerárquicas y departamentales se evalúa continuamente para garantizar la ayuda mutua y el intercambio de objetivos comunes. La competencia en el desempeño de las tareas está garantizada y difundida con el fin de promover la cooperación en la consecución de los objetivos individuales y colectivos de forma continua.
Nivel 4: Foco en la fiabilidad	El canal y la forma de los mensajes es cuidada al facilitar la interpretación y la comprensión. Se fomenta la confianza mutua en las relaciones profesionales. Se garantiza un requisito de carácter global en la adhesión a la participación en los procesos de comunicación dentro de la empresa.	Los mecanismos de recompensas individuales y colectivas se revisan cada vez que revelan la pérdida de eficacia. La asignación de tareas se ajusta y factores externos de "sabotaje" se eliminan.	La gente se concentra en lo que los colegas hacen bien y aprenden de ellos. La comunicación se ve facilitada y estimulada. Cualquier acción que pueda conducir a la ruptura de la confianza entre los miembros de la organización está sujeta a una acción disciplinaria inmediata.
Nivel 3: Modo visual	La libertad de expresión se animó a toda la empresa para que la creatividad de cada uno puede ser aprovechada por el interés común. Las acciones de la iniciativa individual en favor del colectivo se desarrollan, la práctica actual de la difusión de información y el intercambio de conocimientos es realidad.	Se observa una intensidad y alegría en el trabajo que están en un nivel alto. A menudo surgen expresiones positivas de sorpresa por los clientes frente al resultado final del servicio. La estrategia de la compañía está bien comunicada y la estructura se considera que es apropiada. Existe satisfacción general con los resultados.	Es visible la manifestación de confianza entre los empleados, con la interacción frecuente en el desempeño de las tareas. Hay objetivos colectivos bien identificados y articulados con los objetivos individuales. Cada empleado se mantiene activo, atento y disponible dentro de la empresa. Hay cercanía evidente y equidad en las relaciones.
Nivel 2: Foco en el básico	La información importante se difunde a través de diversos medios de comunicación y los empleados la pueden consultar si lo desean. Promueve y fomenta la proximidad y la confianza mutua a través de un debate constructivo sobre temas de interés para la empresa. Las relaciones a menudo se producen por el interés	El propósito y el significado de las acciones son entendidos y aceptados por los empleados. La búsqueda de los objetivos individuales y colectivos basados en mecanismos adecuados de recompensas materiales y personales. Las recompensas emocionales se consideran y se les asigna.	Se definen objetivos comunes entre los empleados y se crean las condiciones para establecer una comunicación efectiva entre las partes. La complejidad de la estructura jerárquica es lo más bajo posible, promoviendo la equidad y la cercanía de las relaciones.
Nivel 1: Empezando	Los empleados son informados de lo que se considera ser importante a través de la estructura jerárquica sin mayores preocupaciones en la explicación de por qué las cosas. Los administradores definen lo que se debe hacer, cuándo y cómo. Las opiniones de los empleados de base de la empresa no se tienen en cuenta. Las relaciones ocurren principalmente por interés	Comportamientos de la complacencia, la indiferencia y la falta de motivación se pueden observar en la organización. Los objetivos se perciben como inalcanzables. La concentración y la objetividad no siempre están presentes en las acciones. El cliente rara vez se manifiesta positivamente sorprendido por la empresa.	Los empleados tienen un comportamiento dominante en la búsqueda de sus metas personales sin dar importancia a la actuación de sus colegas. La necesidad de recurrir a un colega en el desempeño de una tarea es algo desagradable y, a veces, que se busca evitar.
Ponga una marca amarilla que indica el nivel de rendimiento Emocional en cada área	**Comunicación**	**Compromiso**	**Ayuda mutua**

Figura 50 - Equipo - Emocional

La importancia de la cultura de la empresa

Existen múltiples estudios centrados en la importancia de la motivación de los empleados, para el éxito empresarial.

En un momento en que, de forma relativamente fácil, se puede ver la máquina sustituyendo al hombre en muchas tareas, la dificultad de controlar los aspectos emocionales, es hoy uno de los mayores desafíos que enfrentan los líderes de las organizaciones.

A menudo, la misma tecnología está al alcance de su negocio, y de toda la competencia.

Lo mismo no ocurre con la capacidad para el control emocional de la organización.

Independientemente de la mayor o menor capacidad de comunicación de sus líderes, las empresas que implementan mecanismos sencillos que fomenten la interacción saludable entre sus miembros, darán pasos importantes, para la obtención de este control.

El poder emocional de lo colectivo, en cualquier equipo, es basado en estos tres aspectos fundamentales: Comunicación, Compromiso y Ayuda Mutua.

Cuando lo racional y lo emocional están completamente desarrollados dentro de la organización, la dinámica de un equipo exitoso es permanente y natural.

La empresa es un buen lugar para estar.

La cultura de la empresa es el pegamento aglutinador que une Racional y Emocional de un equipo.

Darse cuenta de la cultura de la empresa, nos obliga a entender las emociones en la empresa.

António Damásio, en su libro "The Feeling of What Happens", demuestra que la emoción, no consciente, produce resultados en la forma de acciones y comportamientos. También demuestra que las acciones producidas son proporcionales al valor emocional de las recompensas recibidas.

Varios científicos han demostrado que las preferencias del ser humano se pueden aprender de manera no consciente, y muy rápidamente.

António Damásio explica como la conciencia y las emociones no se pueden separar en los seres humanos.

Pero, entonces los sentimientos suceden las emociones. El sentimiento es el cuerpo a tomar conciencia de sus emociones. Las emociones positivas dictan sentimientos constantes de fondo positivo, que dictan las acciones positivas consistentes, basadas en un escenario general de bienestar.

Y lo contrario también puede ser cierto, si en la compañía abundan los registros emocionalmente negativos.

Las emociones subyacen a los comportamientos. Según Damásio, la cultura se expresa en cómo los seres humanos se comportan durante, y después, de la realización de una emoción.

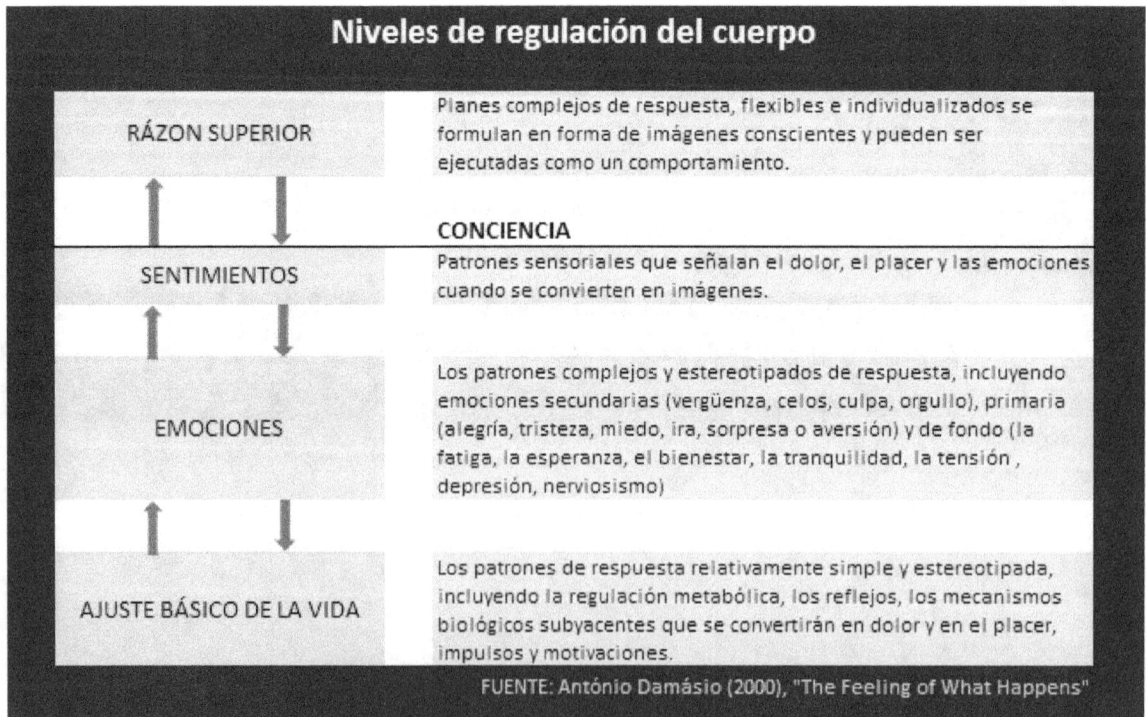

Figura 51 - Niveles de regulación del cuerpo

"La emoción bien dirigida parece ser el sistema de apoyo, sin el cual el edificio de la razón no puede funcionar eficazmente."

António Damásio

Dada la emoción, el organismo puede evolucionar en diferentes formas.

Cuando se desencadena una emoción, tenemos una acción que resulta de un comportamiento automático, cuya percepción puede eventualmente llegar a ser consciente (como sucede, por ejemplo, cuando tenemos miedo y adoptamos de inmediato una posición defensiva, de fuga o de contraataque).

Cuando se desencadena una emoción, que puede establecerse en un sentimiento y esto, a su vez, dará lugar a la aparición de estados motivacionales conscientes, y al desarrollar de pensamientos.

Las emociones de fondo como la fatiga, el desaliento, el entusiasmo, la calma, la tensión, la esperanza y otras, se manifiestan internamente. Arrastradas en el tiempo, acompañadas de sentimientos consiguientes, consolidan los estados de ánimo de los seres humanos (generalmente conocidos como humores).

La empresa va a ser un buen lugar para se estar cuando las emociones positivas dominan el íntimo de los empleados, y sus acciones son la expresión de ese sentir.

En términos de comportamiento, las dinámicas individuales afectan la dinámica de grupo.

¿Qué es la cultura?

La cultura señala complejidad similar a la estrategia, con respecto a la realización de un concepto, con varios autores a asignar diferentes definiciones para el término.

Una definición, más o menos consensual del concepto de cultura corporativa, puede ser la siguiente: la cultura de la empresa es el conjunto de bienes materiales (maquinaria, reglas, leyes, etc), y los elementos no materiales (valores, creencias, conocimientos, etc), que reflejan la especificidad de la organización en su forma de pensar, actuar y sentir.

Existe identidad cultural cuando la gente tiene un sentido de pertenencia a la organización. Sólo es posible cuando existe un conjunto de valores compartidos entre el individual y el colectivo, y las palabras se traducen en acciones, de forma consistente y armoniosa con este conjunto de valores.

La cultura de la empresa va a aglutinar racional y emocional, haciendo consistentes las acciones estandarizadas y los comportamientos espontáneos, en deseable armonía.

La cultura de la empresa establece pautas de comportamiento, las cuales permiten que las personas se comporten de una manera determinada.

Organizar el pensamiento ayuda a organizar el comportamiento.

Una estrategia correcta, y bien comunicada, explica el propósito de la organización y el sentido de su existencia. Por consiguiente, cada empleado se da cuenta de la razón de su existencia, y cuál es el alcance del ejercicio de sus funciones. Por lo general, hay un conjunto de valores emocionales que la compañía abraza y con las cuáles el empleado se identifica.

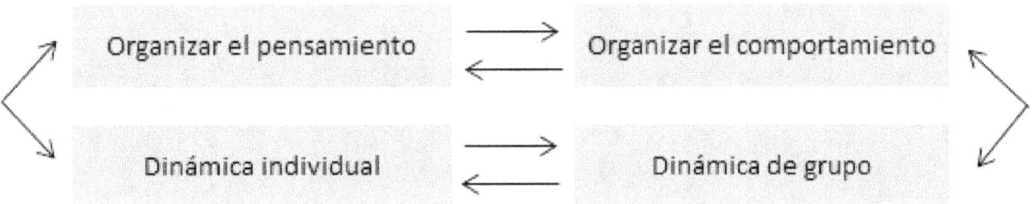

Figura 52 - Organizar, pensamiento y dinámicas

Este mensaje debe ser reforzado, y comunicado en la empresa. Señalizado y simbolizado.

Si un concepto en particular es parte de la cultura de la empresa, a continuación, las palabras y los hechos de todos corresponden perfectamente.

Hay un código de conducta, explícito o implícito.

La cultura dará consistencia al Equipo, promoviendo la articulación perfecta entre la Estrategia, la Estructura y la Ejecución, sin permitirse desviaciones de comportamiento que puedan comprometer los valores de la empresa.

¿Hay coherencia interpersonal e interdepartamental en su empresa?

¿Qué valores no materiales reflejan la forma de pensar, actuar y sentir de su organización?

2.7 SOPORTE ESTRUCTURADO DE LA INFORMACIÓN

Soporte Estructurado de la Información

El Soporte Estructurado de la Información es un enlace entre las partes racionales y emocionales, de la organización.

Si construimos un equipo de verdad, competente en la definición de la Estrategia, con una Estructura fuerte y adecuada, determinada en la realización de las tareas que llevarán a superación de sus objetivos, con una Comunicación efectiva, con un fuerte colectivo donde subraya el Compromiso y la Ayuda Mutua, deberemos asegurarnos de que el equipo se mantiene unido y coherente, en el tiempo.

La solidez de la organización no puede depender de sus líderes, no puede depender de un contribuyente en particular, y no puede depender de ningún factor externo. Si es así, ¡perecerá!

El mantenimiento de la solidez de la organización depende de los mecanismos reales que ha sido capaz de crear, que inducen comportamientos deseables en todos sus miembros, en el presente y en el futuro.

Comunicare

Latín: Haciendo común.

Un soporte que permita que la comunicación se establezca, con un lenguaje profesional común, entendida por todos.

Un soporte que sea un facilitador de las interacciones personales, e interdepartamentales.

Siempre es lamentable cuando los colegas no están de acuerdo sobre el procedimiento "adecuado", para la misma situación.

Existe la percepción de que algo no está bien en una organización, cuando recibimos dos respuestas distintas de dos empleados, de la misma empresa, a la misma pregunta hecha por nosotros.

¿Estás de acuerdo?

En estos casos, se puede suponer que uno de ellos es sabedor, como si se tratara, de inmediato cierto, que el otro no tiene la razón de su lado.

La realidad es que, la mayoría de las veces en que estas situaciones se manifiestan, son síntomas de la falta de un apoyo estructurado de la información que permita la comunicación, la consulta y el aprendizaje de los procesos internos, con rapidez dentro de la organización.

¡Los implicados pueden incluso estar a la vez equivocados acerca de lo que el liderazgo de la organización quiere que suceda! Habrá fallas en la comunicación.

Además de ser un síntoma de una falta de eficacia de la organización a los ojos del cliente, estas condiciones también pueden contribuir a la degradación del medio ambiente de trabajo, y de motivación individual.

Bajo cualquier prisma de análisis, concluiremos que se trata de situaciones que no deberían ocurrir, cuando se desea maximizar los recursos humanos y materiales que tenemos disponibles.

Los científicos hicieron un experimento con cinco monos.

Situaran a cinco monos en una jaula.

En el centro de la jaula se colocó una relativamente alta escalera, en la parte superior de la cual, al azar y intermitentemente, se plantea de vez en cuando un grupo atrayente de plátanos.

Cuando un mono subía la escalera para comer a los plátanos, los otros cuatro monos que estaban en el suelo eran mojados con agua a través de mangueras dirigidas por los científicos.

Los cuatro monos estaban empapados en el suelo cuando un mono subia para el banquete con los plátanos en la parte superior de la escalera.

Después de algunas veces en que surgieron los plátanos en la parte superior de la escalera y comenzó un mono por las escaleras, los otros trataran de detenerlo en la escalada, agarrándolo y agrediéndolo.

Después de algunas sesiones de palizas, los científicos siguieron a hacer surgir los plátanos pero dejaron de mojar monos una vez que ningún mono se acercó a los plátanos en la parte superior de la escalera.

En resultado de este comportamiento del grupo, después de unas cuantas apariciones de los plátanos, los monos abandonaron por completo a tratar de llegar a los plátanos.

En este momento, los científicos han sustituido a un viejo mono en la jaula por otro completamente nuevo. Cuando uno apetitoso racimo de plátanos llegó por primera vez, el nuevo mono en la jaula intentó subir de inmediato la escalera y también de inmediato, los otros cuatro lo agarraron y lo golpearon para que no lo hiciera.

Dado que ningún mono alcanza los plátanos los científicos no mojaran a cualquier.

Después de un corto período de tiempo, para evitar los ataques, el nuevo mono ya no tratava de llegar a a los plátanos cuando aparecían en la parte superior de la escalera.

Entonces, los científicos sustituyeron a uno de los cuatro veteranos monos e introdujeron un nuevo mono en la jaula. Este nuevo mono volvió a pasar por el mismo proceso que el anterior: intentó de llegar a los los plátanos, fue golpeado y ha dejado de intentarlo, sin haber sido mojado.

La sustitución de los veteranos monos se siguió desde el principio hasta que en la jaula vivían cinco monos que nunca antes habían estado mojados.

Aunque los plátanos surgieran tan apetecibles como siempre, continuaron a mantenerse mutuamente de alcanzar el racimo, golpeando y aferrando.

Si preguntamos à los monos por qué evitaron que los otros monos puedan subir la escalera, los cinco monos originales podrían responder que no querían estar húmedos, pero los últimos cinco monos sólo podrían responder que siempre se ha hecho, pero no sabrían explicar por qué.

Figura 53 - Experimento con monos

La construcción del SEI - Soporte Estructurado de la Información, permitirá a cada empleado en el ejercicio de sus funciones, enfocarse exactamente sobre su rol dentro de la organización.

Para el éxito de cualquier empresa, es necesario definir las cosas ciertas, hacer las cosas bien, y hacer bien las cosas ciertas.

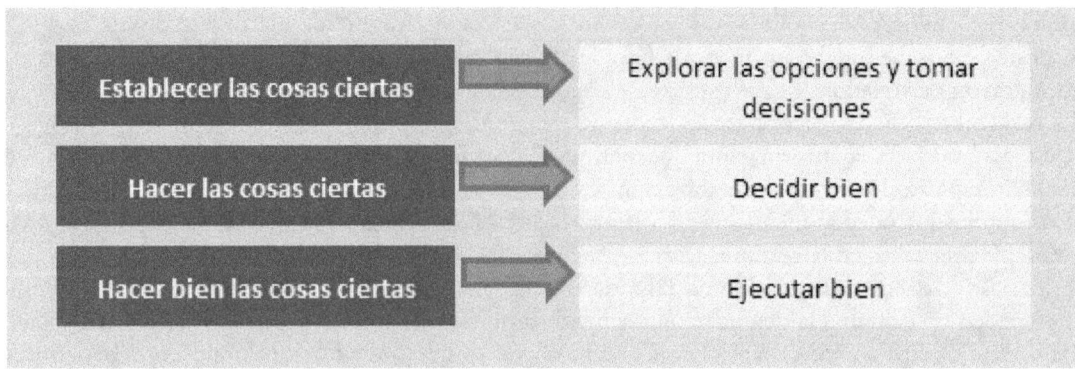

Figura 54 - Cosas ciertas

El SEI permitirá a las personas que tienen en su mayoría funciones operativas, que se centren, casi exclusivamente, en la ejecución de sus tareas.

Del mismo modo, las personas que tienen en su mayoría las funciones de análisis y coordinación, también pueden centrar su atención en la elección de las opciones correctas de las acciones a desarrollar.

Este mayor énfasis en las necesidades inherentes a la función, permitirá que las sugerencias de mejora, brindadas por los trabajadores, ocurran mayoritariamente en el dominio de la simplificación de procesos, por lo general con soluciones creativas.

Si la organización dejar que cada empleado realice las tareas "a su manera", cada persona tendrá de encontrar su solución, para cada problema. Esta opción implica mayores dificultades para que la dirección de la empresa pueda coordinar esfuerzos, y encontrar soluciones eficaces a resolución conjunta de problemas.

Por lo general, las organizaciones tienen uno o más apoyos, para que sus empleados puedan utilizar la información necesaria.

La estructura de esa información, y la forma en que se encuentra a disposición de la gente, es lo que limita la eficacia de su uso.

La existencia de un soporte estructurado de información aporta una serie de ventajas a la empresa:

1- Formación según sea necesario
   a. El empleado puede ser autodidacta, proactivo en la búsqueda de conocimiento y su valoración individual;
   b. La información siempre estará disponible en el momento en que surja la necesidad;
   c. La gente se siente más capaz.

2- Reducción de costos
   a. Reduce de inmediato las necesidades de capacitación a los trabajadores;
   b. Promueve la reducción de los errores operacionales;
   c. Promueve la reducción de los conflictos, y el aumento de la confianza entre los empleados.

3- Aumento de la productividad
   a. Hace una contribución importante para que el operativo sea fluido y articulado;
   b. Hace las interacciones laborales más objetivas, equilibradas y menos dependientes de la subjetividad individual;
   c. La gente va a sentirse seguro en la ejecución.

4- Ganancias de comunicación
   a. Aproxima la expresión de lo que se quiere decir de aquello que se dijo, lo que facilita el entendimiento entre el emisor y el receptor de un mensaje;
   b. La comunicación se vuelve más fluida y eficaz dentro de la organización;
   c. Se hará la comunicación entre las personas principalmente para consolidar el conocimiento, en lugar de la transmisión simplemente intermitente de los conocimientos básicos;
   d. La gente se sentirá confiado (en sí mismos y en la organización).

Las organizaciones que muestran una mayor eficiencia en el uso de la información disponible, tienen una importante fuente de diferenciación en su capacidad para sorprender al alza, y tienen una ventaja competitiva sobre la competencia, por el aumento de la productividad inherente y reducción de costos operativos.

Típicamente, el valor de la teoría depende de su uso práctico.

El verdadero reto es la transición de la teoría a la práctica…

Con la creación de un Soporte Estructurado de la Información, queremos asegurar el cumplimiento de los dos principios fundamentales:

1- Unidad y Convergencia
2- Seguridad y Confiabilidad

Unidad y Convergencia

Es importante que la organización hable con una sola voz, y piense sobre una línea principal de razonamiento.

Debido a que cada persona ofrece su contribución en diversas formas, existe la necesidad de hacer converger los esfuerzos individuales para la consecución de metas colectivas.

La construcción del Soporte Estructurado de Información debe basarse en el principio de Unidad y Convergencia.

Seguridad y Confiabilidad

La implementación operativa depende de los niveles de eficacia y eficiencia, que muestran los empleados en el ejercicio de sus funciones. Cuanto mayor es la confianza con la que las operaciones se lleven a cabo, mayor será la capacidad de la organización para reconocerse a sí misma capacidad organizativa, y mayor la confianza que se establece en la empresa, en las diversas interacciones entre sus miembros.

La seguridad de que hablo, es la seguridad que se siente por saber que se está procediendo correctamente, según lo recomendado por la organización, sin riesgo de error y / o ser criticado.

Es la seguridad que sentimos sólo cuando sabemos que lo hicimos bien, con independencia de la posible exposición a cualquier tipo de crítica.

Creo que este es el tipo de seguridad que plantea el nivel de confianza de cualquier ejecutante, en cualquier actividad.

Sobre la base de estos dos principios, veamos el método a utilizar en la construcción del Soporte Estructurado de Información.

Por lo general, hay una gran variedad de instrucciones, dispersas en manuales, e-mail's internos, instrucciones estampadas en edicto e instrucciones verbales que nunca se colocan en soportes físicos. En muchas organizaciones, la práctica del día a día tiene sus raíces en el pasado, sin cuestionar o explicar por qué se hacen las cosas.

En una organización multidepartamental, las personas tienen diferentes puntos de vista, dependiendo de la naturaleza de sus funciones y de acuerdo con su propia individualidad.

La solución para el mismo problema difiere de persona a persona.

Dentro de la misma empresa, es deseable que la solución para un dado problema sea única, por lo que se observe el principio de "Unidad y Convergencia".

En consecuencia, es necesario hacer un estudio de todas las prácticas desarrolladas dentro de la organización y proceder hacia la estandarización de la solución al mismo problema en armonía con los principios de la "Unidad y Convergencia", "Seguridad y Confianza".

Propongo que el **método** sea basado en cuatro pasos:

1- **Identificar necesidades**

2- **Comprender las acciones**

3- **Estandarizar las prácticas**

4- **Gestión de imprevistos**

El paso 1, "Identificación de necesidades", tiene como objetivo identificar todas las acciones realizadas en la empresa e identificar las redes de dependencia dentro de la organización.

El paso 2, "Comprender las acciones", tiene como objetivo identificar los "porqués" y las consecuencias de las acciones, teniendo en cuenta las oportunidades de reducción de costos, las oportunidades de ganancias de productividad, las fuentes de conflicto y las principales fuentes de error.

El paso 3: "Estandarizar las prácticas", tiene como objetivo identificar las mejores prácticas, y proceder al registro.

El paso 4, "Gestión de imprevistos", tiene como objetivo determinar las personas responsables de las acciones, y procedimientos concretos para la gestión de imprevistos.

Construcción del SEI – Soporte Estructurado de la Información

Aunque puede parecer una tarea megalómana, el hecho es que la tarea tiene una dimensión tal cual la complejidad de su empresa.

Se puede implementar de dos maneras: o bien se requiere la participación de todos, o si se crea un pequeño equipo dedicado a la recopilación, el análisis y la compilación de la información anterior.

La primera opción permite obtener una amplia gama de prácticas, las cuales surgirán en diversas perspectivas individuales y profesionales, lo que enriquece la información disponible, y también alerta para situaciones en las que los responsables de la empresa no estaban mínimamente despiertos. Debe ser la opción, si todos los empleados participan activamente, y con entusiasmo.

Involucrar a todos los empleados en este proceso, también fomenta una mayor receptividad a la utilización del Soporte Estructurado de la Información, promueve el desarrollo y la consolidación del sentido de pertenencia a la organización, y eleva el conocimiento general que cada empleado tiene de esta herramienta, y de la propia empresa.

La creación de un equipo pequeño, que puede hacer el levantamiento de todas las medidas adoptadas por la organización, identificar la causa de sus prácticas y la existencia de redes de dependencia funcional, entre personas y departamentos, puede ser eficaz cuando se desea velocidad y una gran objetividad en la construcción del Soporte Estructurado de la Información. Sin embargo, se pierden parte de las perspectivas individuales o departamentales, en cuestiones que pueden ser importantes para encontrar las mejores soluciones para la organización.

Eventualmente, este déficit se puede superar a través del proceso de Simplificación Centrada, que vamos a ver, y el aumento de la velocidad puede ser importante para la empresa.

La base del Soporte Estructurado de la información son los actos realizados por los empleados.

En este contexto, es importante para nosotros abordar un poco sobre la acción en sí misma, en un contexto más teórico, y luego podemos definir una herramienta práctica para la obtención de la información relevante para la empresa.

Cualquier acción puede ser caracterizada por tener un origen, un ámbito, un objetivo, una forma y un resultado. Además, tejemos consideraciones pertinentes a respecto de la frecuencia con la que una acción tiene lugar, las relaciones de dependencia inherente a la organización, y la posibilidad de brotes de conflictos asociados a la acción.

El origen es el "disparador" de la acción. Por ejemplo: si un cliente pide en el mostrador "¡Un Gin Tónico, por favor!", el orden del cliente es el origen de la preparación de la bebida.

En el origen de la acción podemos tener la propia iniciativa, una instrucción o una sugerencia de otros.

Ante el "disparador" de la acción, el colaborador activo tendrá una cierta respuesta: delegar, ejecutar, posponer o ignorar la tarea.

La acción se desarrolla dentro de un determinado ámbito. En este ejemplo, el cliente que pide una bebida en una barra de bar, cuenta con un marco legal (en muchos países no se puede servir alcohol a menores de edad), podemos tener el marco normativo interno (en esta empresa un Gin Tónico debe ser servido en un vaso redondo de pie alto), y un contexto cultural (aunque legalmente sea prohibido servir alcohol a menores de edad, servimos a cualquiera que pague la bebida).

La acción es desarrollada con un objetivo: servir al cliente, satisfacer las necesidades del cliente, hacer un lucro, etc, y toma una cierta forma inherente a la ejecución (forma de la tarea, correo electrónico, llamada telefónica, instrucción de voz, enviar un mensaje a través de un intermediario, etc).

La acción tiene un resultado.

El resultado es raramente percibido en su plenitud. En nuestro ejemplo, la bebida puede haber incluso superado las expectativas del cliente, y esto no es evidente para la empresa, ya que, aunque feliz, el cliente puede no ordenar otra bebida inmediatamente.

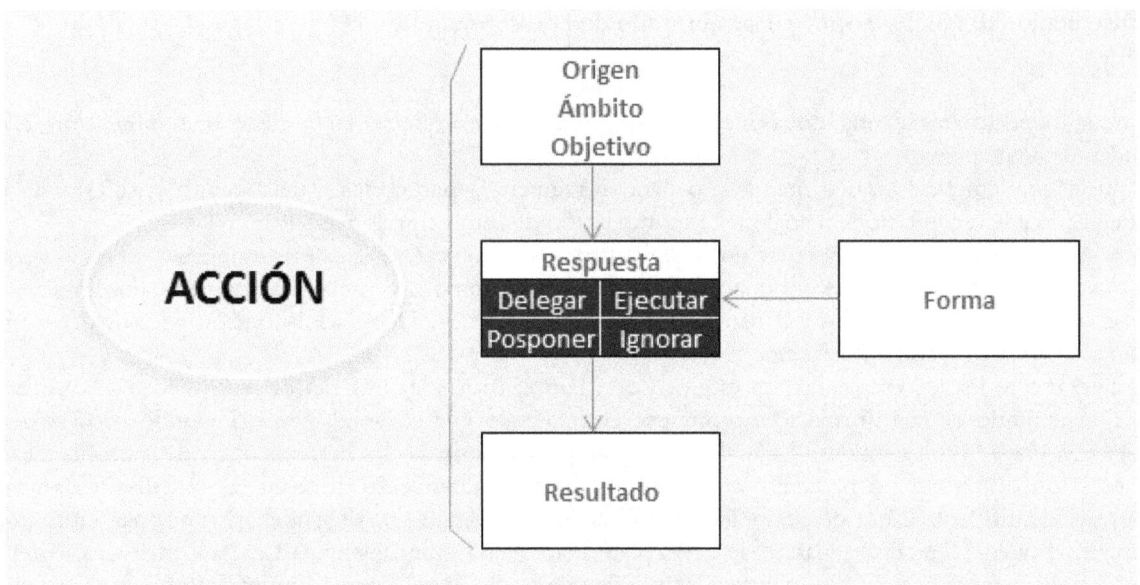

Figura 55 - Acción

En una organización, las acciones se desarrollan en un contexto de relaciones de dependencia inherentes a la tarea en sí. Podemos observar acciones que suceden en la dependencia de una autorización jerárquica, que dependen funcionalmente de otras personas o departamentos dentro de la empresa, o de acciones en que el empleado es perfectamente independiente para la ejecución.

El simple envío de un email es un ejemplo de una situación de dependencia operativa. Si los accesos al ordenador no sean plenamente funcionales, la acción no se puede realizar.

La frecuencia con que se realiza una acción, y los brotes de conflictos que puedan surgir en relación con esa misma acción, son aspectos importantes en la gestión de la empresa, para identificar las necesidades de actuación y comprender redundancias, dificultades y desánimos en la ejecución de las tareas.

Para entender plenamente las prácticas en la empresa, tenemos que comprender estos aspectos.

Mi propuesta para identificar las redundancias en la ejecución de las acciones, tiene que ver con las consecuencias negativas que trae a la organización.

Por ejemplo, si el propietario de un bar ordenar a un empleado para poner un juego de vasos en una caja de cartón, y después pedir a otro empleado que organice estos mismos vasos en un armario, podríamos estar frente a una acción redundante. La primera acción puede ser redundante porque, al parecer, el primer trabajador podría simplemente arreglar los vasos en el armario.

La existencia de acciones redundantes, a menudo, llevan los empleados a niveles más bajos de rendimiento, y a la adopción de actitudes negativas, tales como "¿Por qué tengo que hacer esto si alguien va a hacer aquello más adelante?".

Eliminar las acciones redundantes, permite reducir los costos y lograr ganancias de productividad.

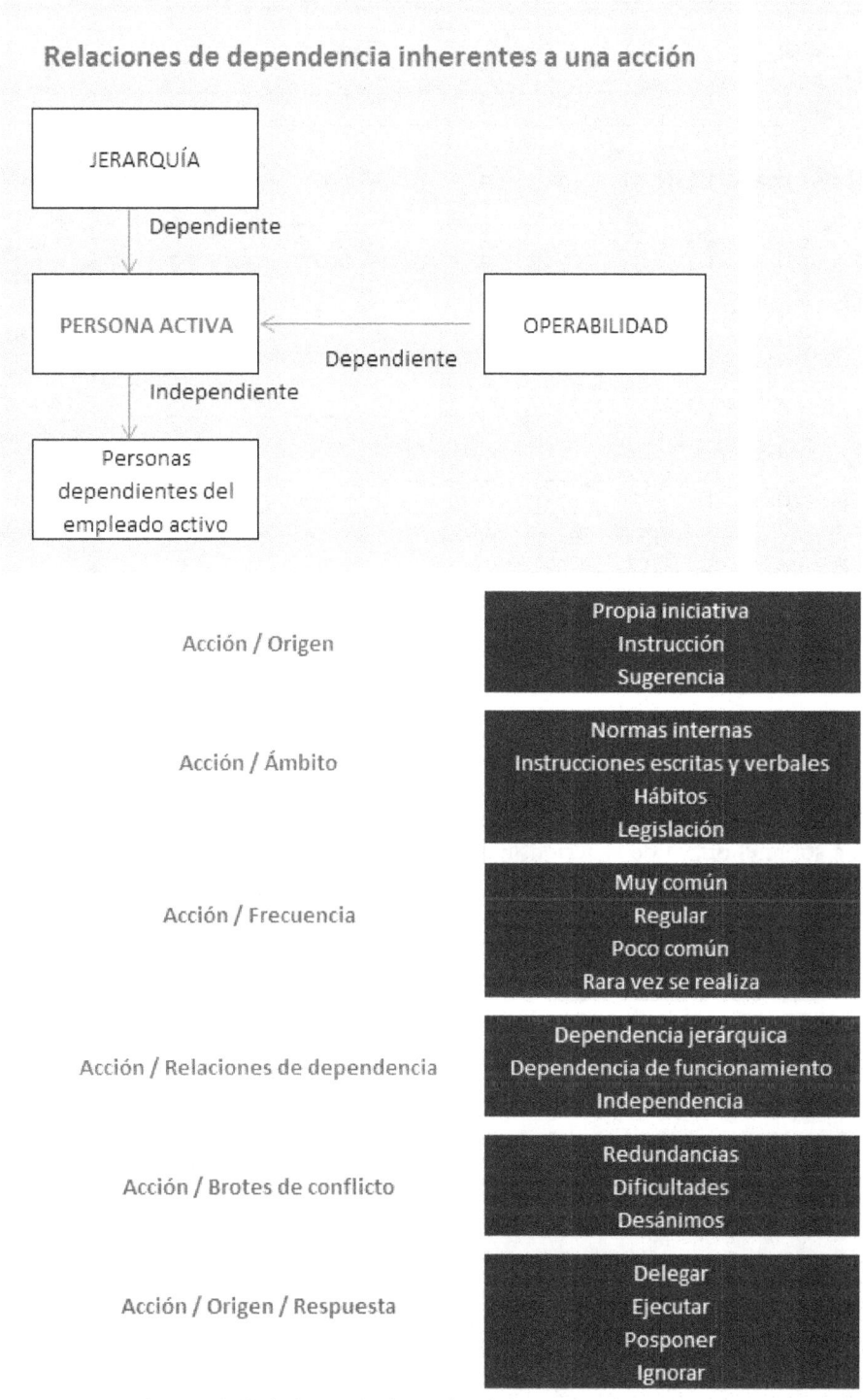

Figura 56 - Relaciones de dependencia inherentes a una acción

Los parámetros que propongo deben ser adaptados a las necesidades de la empresa. La elección de los parámetros debe hacerse en función de la importancia que tienen para la organización.

Conscientes de la información que tenemos, podemos pasar a preparar un formulario de recogida de información.

Propongo algo como esto:

LOCAL _____ FECHA ___ / ___ / ____   HORA ___:__
EMPLEADO _____ FUNCIÓN _____
DESCRIPCIÓN DE LA MEDIDA_____
OBJETIVO _____

ORIGEN:	Propia iniciativa	☐		FRECUENCIA:	
	Instrucción	☐		Muy común	☐
	Sugerencia	☐		Regular	☐
				Poco común	☐
ÁMBITO:	Normas internas	☐		Rara vez se realiza	☐
	Legislación	☐		SITUACIÓN:	
	Hábitos	☐		Jerárquico dependiente	☐
	Instrucciones	☐		Funcionamiento depend.	☐
				Independiente	☐
FORMA:				CLASIFICACIÓN:	
RESULTADO:				Producción	☐
				Distribución	☐
NOTAS:				Cobros	☐
				Post venta	☐
				Transverso	☐

Figura 57 - Formulario ejemplo

Un formulario de este género es sencillo en la presentación e intuitivo en su rellenamiento, sin que ello suponga la asignación de mucho tiempo por parte de los empleados. Rellenar el campo "Notas", se debe solicitar cada vez que hay sugerencias de mejora, fuentes de conflictos inherentes à la acción ejecutada, o se informen aspectos relacionados con la respuesta sobre el origen de la acción. Por ejemplo, afirmando que se trata de una acción solicitada hace unos días, pero que sólo ahora se ejecuta.

En la práctica, podríamos obtener algo como esto en el primer momento:

LOCAL ___EP_____ FECHA _2014_ / _04_ / _22_   HORA _14:_30
EMPLEADO ___José Rodrigues_____ FUNCIÓN _Vend._
DESCRIPCIÓN DE LA MEDIDA _Solicitud de reembolso para el producto "ABC"_____
OBJETIVO __ Terminar de vender al cliente "XYZ Ltd" _____

ORIGEN:	Propia iniciativa	X		FRECUENCIA:	
	Instrucción	☐		Muy común	☐
	Sugerencia	☐		Regular	X
				Poco común	☐
ÁMBITO:	Normas internas	☐		Rara vez se realiza	☐
	Legislación	☐		SITUACIÓN:	
	Hábitos	X	Estructura comercial	Jerárquico dependiente	X
	Instrucciones	☐		Funcionamiento depend.	X
				Independiente	☐
FORMA:	Email			CLASIFICACIÓN:	
RESULTADO:	Esperando respuesta			Producción	☐
				Distribución	X
NOTAS:				Cobros	☐
				Post venta	☐
				Transverso	☐

Figura 58 - Formulario ejemplo 1.1

Por iniciativa propia, el vendedor José Rodrigues solicita una autorización de descuento a través de correo electrónico con el fin de lograr una venta, realizando regularmente esta acción, en la dependencia jerárquica de su liderazgo y en la dependencia operacional de la tecnología de información. Esta acción está clasificada en el ámbito de la Distribución de productos, y está de acuerdo con los hábitos de la estructura comercial de la empresa.

Como resultado de esta acción es dependiente de los demás, se constituye en el origen a otra acción, dentro de la empresa.

Por lo general, el análisis en cadena de estos formularios ayuda a percibir el tipo de respuesta que la empresa tiene, en las diferentes relaciones de dependencia entre los empleados.

Si se producen otros formularios que piden el mismo tipo de respuesta, por parte de otros trabajadores, tendrán un significado especial para la organización.

Si se experimenta repetidas peticiones, por los mismos empleados, encadenadas con la primera acción desarrollada, podemos estar ante una incapacidad para proporcionar la respuesta adecuada a las necesidades de la empresa.

Figura 59 - Formulario ejemplo 1.2

Si en la secuencia de acciones ahora aparece este formulario, por el empleado que inició la primera acción, podemos ver que la necesidad de esta segunda acción rara vez sucede.

Si este mismo empleado hubiera tomado nota que esta segunda acción era "muy común", entonces el análisis de las consecuencias para la organización de su aparición, sería muy diferente.

Los formularios se pueden construir con una combinación de simplicidad y profundidad.

Simple en el uso, de modo que los empleados no pierden mucho tiempo en su llenado y pueden, sin dejar de lado sus tareas habituales, colaborar activamente, buscando no dejar de registrar cualquier acción durante un período de tiempo determinado, que se considere apropiado (por lo menos: una semana).

La profundidad de la información, que es dada por la percepción de los parámetros de la acción en sí misma, entonces nos permite agrupar la información por departamento, por frecuencia y por dependencia o independencia.

Dentro de cada grupo de información, podemos analizar las acciones cuanto a su origen, tipos de respuesta, ámbito, forma y las posibles fuentes de conflicto.

Recoger, agrupar y analizar la información son necesarios para que podamos cumplir con los dos primeros pasos del método de construcción de la SEI - Soporte Estructurado de la Información: identificar las necesidades y entender las acciones tomadas en la empresa, en un período determinado de tiempo.

¿Cómo agrupar la información?

Agrupar:

- Por valor (frecuencia de ocurrencia x valor acción = valor);
- Por las relaciones de dependencia (vamos a ver como una cadena de acciones afecta a la organización);
- Por forma (el formato y / o los soportes utilizados para la acción pueden detectar oportunidades para aumentar la productividad, y / o reducir costos);
- Por departamentos (permite entender las acciones llevadas a cabo en cada área de la empresa).

Debemos analizar la agrupación de la información, sin la intención de hacer juicios de valor de ningún tipo. Nuestro único objetivo es identificar dónde están las oportunidades de mejora, que representan el mayor valor para la empresa, y lo que puede ser la mejor manera de ponerlas en práctica.

En esta etapa de la construcción del SEI, el análisis de la información consiste en entender las acciones que se desarrollan dentro de cada agrupación.

Comprender:

- Personas clave (¿cuál es el origen de las acciones?);
- Ámbito (detección de amenazas de errores graves y / o situaciones de falta de preparación, etc)
- Tipo de respuestas (significa darse cuenta de la información recogida, si las respuestas a las acciones se encuentran principalmente en la delegación de la acción, la ejecución inmediata, en el retraso de la acción o ignoran la acción que se necesita);
- Focos de conflicto (significa percibir en la información recogida cuales son los focos de conflicto existentes y / o latentes e cual el impacto de su ocurrencia en la organización).
- ¿Por qué se hace?
- ¿Cómo se hace?
- ¿Qué niveles de eficacia?
- ¿De qué depende la eficacia?

Consideremos, por ejemplo, un vendedor de una gran empresa cuya definición de funciones determina:

" Función del vendedor:
(…)
Contactar clientes existentes y potenciales para promover la venta de nuestros productos;
(…)"

Los vendedores de la empresa se pondrán en contacto con sus clientes a través del contacto personal, teléfono, correo electrónico y a través de las redes sociales. A lo mejor, el futuro traerá una mayor diversidad.

Cada vendedor actuará preferentemente de una manera determinada, y dará preferencia a un modo de contacto sobre los demás.

Especialmente en las reuniones entre la dirección y los mandos medios de las grandes empresas, con frecuencia se cuestionan los resultados (por lo general la mayor incidencia se produce sobre los resultados por debajo del deseado), y las explicaciones dadas por los mandos medios suenan casi siempre como disculpas…

A menudo, ¡ni la Administración, ni los mandos intermedios comprenden verdaderamente la propia empresa!

En este ejemplo, la respuesta correcta a la pregunta "¿Cuál es el número óptimo de vendedores?", depende de cómo se ejecuta la función de vendedor (depende de cómo preferiblemente se contacta el cliente).

El proceso de comprensión de la información recogida debe ser sometido al análisis, de quien tiene experiencia en el negocio.

Hay que pasar por el mayor número posible de perspectivas, ya que la visión de los impactos de las diferentes acciones diverge dentro de la empresa, existiendo una opinión por parte de la gestión comercial, puede haber otra por parte del departamento financiero, otra por parte de la dirección de marketing, otra por parte de los servicios jurídicos, otra por parte de los servicios de informática, y así sucesivamente…

Cada uno de estos diferentes puntos de vista es tan válido como el otro, y es necesario aprovechar los diferentes puntos de vista, con el fin de construir las soluciones que mejor sirvan a los intereses colectivos. La participación de estos agregados con discreción y armonía en la construcción del SEI, permitirá el desarrollo del pensamiento convergente en la empresa, fortaleciendo el sentimiento de "uno para todos, todos para uno", y enalteciendo el sentimiento individual de pertenencia a la organización.

La comprensión de las acciones de la empresa ayuda a la gestión de la empresa a:
- Entender los resultados;
- Reclutar a las personas con el perfil adecuado (tanto en términos de su conocimiento, tanto en términos de su comportamiento);
- Tomar decisiones acertadas en lo que respecta a los procesos de cambio, basando estas decisiones en hechos, y no en suposiciones o percepciones individuales (a menudo sesgada por la perspectiva individual).

Cuando hay un mal funcionamiento en un área de la empresa, este mal funcionamiento afecta el desempeño de otras áreas de la organización, de formas directas e indirectas, con impactos que no siempre son fáciles de entender.

En la actualidad, los administradores se centran, cada vez más, en los resultados finales de un cierto periodo de tiempo, sin tener en cuenta el contexto profesional en el que se produjeron estos resultados.

La posibilidad de tomar decisiones equivocadas aumenta exponencialmente, cuando no hay un profundo conocimiento de las acciones llevadas a cabo en la empresa. El mayor peligro para la organización surge cuando la dificultad en la identificación de la zona no organizada, fruto del enfoque casi exclusivo en los resultados, puede llevar la dirección de la empresa a hacer cambios estructurales incorrectos, en áreas organizadas adecuadamente en la empresa, que han acabado de registrar resultados por debajo del deseado, cuando su eficacia, se ve seriamente comprometida por otras áreas de la organización, de las que es operacionalmente dependiente.

Cuando las empresas tienen un modelo de servicio bien implementado, con base en un apoyo estructurado de la información, que define los procedimientos correctos para desarrollar cada acción inherente a los diferentes roles profesionales, las funciones de alta dirección son más fáciles.

A partir de la recopilación, agrupación y análisis de la información, se han identificado las necesidades y entendido las acciones. Ahora, es necesario estandarizar las prácticas.

La importancia de la estandarización de las prácticas

Cuando los trabajadores realizan sus tareas en la misma forma, asignando la misma cantidad de tiempo y recursos materiales para las mismas tareas, el administrador puede identificar con claridad las dificultades y encontrar mecanismos para la simplificación de la ejecución de las tareas.

Al mismo tiempo, dada la mayor comprensión de cómo se desarrollan las acciones, también es común que ocurra la identificación de oportunidades de actuación en las debilidades de los competidores, cuya explotación puede aumentar significativamente la eficacia del equipo.

Si el líder de un grupo de trabajo identifica mecanismos para simplificar la ejecución de las tareas, también puede encontrar formas de aumentar la productividad, que por lo general vienen acompañados de una reducción de los costes.

Ahora, considere la posibilidad de no proporcionar una orientación clara sobre las prácticas que cada trabajador debe desarrollar, en el desempeño de sus tareas.

En este escenario, en el que cada empleado hace las cosas, un cien por ciento, a su manera, diferentes empleados pueden obtener diferentes registros de productividad al mismo tiempo. ¿El jefe del grupo de trabajo es capaz de identificar por qué? ¿Conseguirá explicar las razones por las que su empleado "A" obtiene resultados positivos, y su empleado "B" cayó por debajo del objetivo? ¿Qué acciones concretas se pueden emprender por la empresa, para promover la mejora de los resultados colectivos?

Sin una orientación clara, en cuanto a cómo se deben desarrollar las tareas, no puede existir una eficaz coordinación de los esfuerzos colectivos, ni ser eficaz en la identificación de los mecanismos de simplificación de las tareas, que promueven aumentos de la productividad y ahorro de costes en toda la organización.

Se plantea la pregunta: "¿Cómo definir una dirección clara?".

La actualidad se traduce en una realidad en la que las grandes empresas concentran sus procesos de negocio en la idea de optimización. Son elegidos directivos centrados en el ejercicio de presión sobre sus subordinados, hacia el logro de resultados superiores. Identifican los objetivos y dejan que gran parte de la definición de los procesos y tareas, que deben emprenderse para alcanzar los objetivos, sean asumidos por los respectivos departamentos.

Estas organizaciones son auto limitadas en la capacidad de las personas individuales que sirven a la organización. Estas empresas van a vivir momentos de euforia al igual que las circunstancias, en las que se desarrolla la actividad, que permite a los trabajadores encontrar soluciones individuales para lograr los resultados definidos, al comienzo de cada período de tiempo (que suele ser de un año). Característicamente, son empresas que popularizan el uso de campañas comerciales en períodos cortos de tiempo, promoviendo continuamente los esfuerzos de ventas extraordinarias, pero descuidando como se obtienen los resultados.

Cuando aparezcan los resultados por debajo del objetivo, los directivos tendrán una tendencia, absolutamente natural, a cuestionar la competencia de cada trabajador para desempeñar sus funciones.

La cuestión fundamental que se plantea en estos casos es: "¿Qué se puede hacer para mejorar los resultados?". En esta realidad, la respuesta natural es: "¡El cambio de los empleados!"...

Cuando las empresas se enfrentan a realidades próximas de las descritas anteriormente, con una definición pobre de los procedimientos de ejecución, y un enfoque casi exclusivo en los resultados, acompañan esta situación de una relativamente alta rotación de personas, en el ejercicio de esas funciones. La poca estabilidad de las personas en la función, en conjunto con la concentración más baja en la manera en que se hace las cosas, resultará, inevitablemente, en una menor calidad del trabajo producido, cuyos efectos negativos se dejarán sentir, más tarde o más temprano, en los niveles de productividad de la organización.

En el atletismo tenemos velocistas, atletas de media distancia y los corredores de maratón. En los negocios, cada empleado también tiene sus propias características, y un mayor o menor talento para realizar ciertas tareas. A menudo, se solicita a una persona con las características de un velocista que haga un maratón, y luego se le pregunta por el resultado final sin darse cuenta de cómo ha abordado la prueba...

Cuando usted no proporciona una orientación clara sobre cómo se propone que las tareas que se van aplicando, cada empleado hace las cosas, un cien por ciento, a su manera. En este contexto, los empleados sienten que los resultados dependen en gran porcentaje de ellos propios. En consecuencia, existe espacio para el desarrollo de un sentimiento individual en los trabajadores, como "La empresa me necesita."...

Cuando hay una orientación clara sobre la forma en que se pretende que el trabajo sea hecho, el sentimiento individual que se acumula es más cerca de la idea: "La empresa me necesita para hacer esto.".

En esta realidad, la relación sentimental entre los trabajadores y la empresa se vuelve más racional, controlada, y quizás aún más saludable.

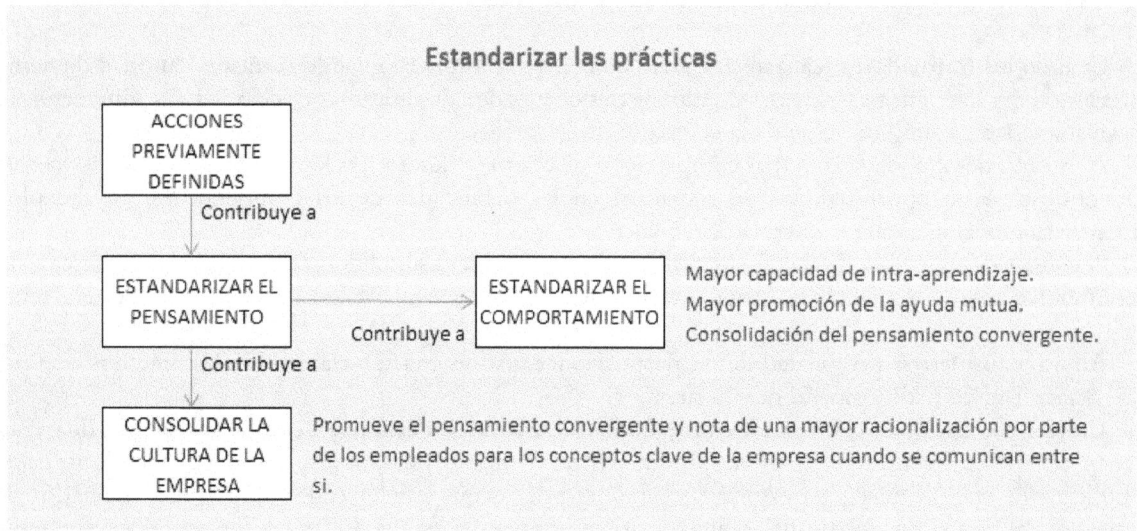

Figura 60 - Estandarizar las prácticas

Para estandarizar las prácticas, proporcionando una orientación clara a los empleados, hay que definir:
- El modo de hacer;
- El tiempo dedicado a la tarea;
- Los recursos materiales utilizados;
- Los recursos humanos implicados.

La estandarización de las actividades llevadas a cabo en la empresa es fundamental para que la gestión de la compañía acceda a los procesos de simplificación, dejando de limitarse a los habituales procesos de optimización.

Mediante la comprensión de las acciones individuales, la creatividad individual de los empleados permitirá encontrar mecanismos para mejorar la eficiencia de las tareas, con el consiguiente aumento de la productividad, a menudo con la reducción de costos asociados, y el aumento de la eficiencia global de la empresa, como veremos adelante.

Al mismo tiempo, la calidad del servicio es mejorada, y la capacidad de gestión, para hacer una correcta caracterización de los recursos humanos necesarios e ideales para cada función, es basada en criterios concretos y objetivos.

El velocista competirá en las pruebas de 100 y 200 metros. El mediofondista hará que los 3000 y 5000 metros. El corredor de maratón hará sus maratones.

Esta fase del proceso de construcción del SEI - Soporte Estructurado de la Información puede ser facilitada por la elección del soporte físico, donde se almacenará la información.

La información sobre la estandarización de las acciones de la empresa puede estar en:

- – Soporte digital;
- – Papel;
- – Edicto;
- – Otros soportes…

Hoy, con la ayuda de las tecnologías de información, obtenemos la información en formato digital en casi cualquier parte del mundo, con casi total movilidad y libertad de acceso. La palabra "casi" aquí adquiere una mayor importancia, en la medida en que puede haber contextos operacionales específicos, que determinen el uso de diferentes medios físicos para acceder a la información.

En general, por su facilidad de construcción, implementación y uso, el curso de los medios digitales se pone prioridad sobre las otras opciones que podemos considerar.

¿Las tecnologías de información facilitan o dificultan?

Tenemos la información disponible en los correos electrónicos, redes sociales, sitios de Internet, sitios de intranet (red exclusiva de las computadoras de la organización), carpetas públicas, CDs, DVDs, tabletas, etc.

La información puede estar en formato intuitivo, o difícil de usar.

La herramienta de software puede tener muchos botones y funciones, y nadie saber su uso. Usted puede tener el uso lento o rápido, y siempre fiable o de frecuente "crashar".

El documento de papel se puede consultar y manejar fácilmente. Y ¿qué pasa con la facilidad de actualización y difusión?

Edictos fijos pueden ser fácilmente consultados. Y ¿qué podemos concluir acerca de su manejo, la actualización, la difusión y la adecuación?

En definitiva, la elección en respecto al soporte donde definimos las acciones, y estructuramos la información dentro de la empresa, debe tener en cuenta el contexto del uso de esta información.

La información debe ser lo más concentrada posible, y tener en cuenta si el uso de esta información está concentrado o disperso.

La concentración de la información en un sólo soporte digital, intuitivo, fácil de usar y de fácil acceso, es usualmente la opción natural, y más eficaz para satisfacer las necesidades de la organización.

En el diseño de esta herramienta, partimos de los grupos que hicimos de las n acciones desarrolladas en la empresa, e identificamos cada paso, de la práctica que pretendemos sea adoptada dentro de la organización.

Es deseable que ninguna acción suceda en la empresa, sin su uniformidad con lo que se define en el SEI - Soporte Estructurado de la Información.

Usando el ejemplo dado en el comienzo del libro, podemos estructurar la información según se expone en la página siguiente, agrupando la información de acuerdo con la propia clasificación interna de la organización, con respecto a los distintos departamentos.

Esta estructura permite un acceso rápido e intuitivo a la información, y también funciona bien cuando un trabajador quiere profundizar su conocimiento acerca de los procedimientos a ser adoptados, en las diferentes circunstancias que puedan surgir a diario, lo que reduce las necesidades de formación y la promoción de la orientación de la comunicación entre empleados, más allá de los aspectos operacionales más básicos. En lugar de pedir al compañero "¿Dónde está el martillo?", el trabajador podrá cuestionar "Además de martillar, ¿utilizas el martillo en otras situaciones?".

Este aspecto es muy importante en la promoción de las ganancias de productividad. El tiempo que cada persona ofrece mentalmente a los demás es limitado. Un trabajador realiza una consulta a un colega, y probablemente obtiene una respuesta. Si hiciera dos preguntas, posiblemente la segunda respuesta eres evasiva, porque el colega ya no tendría la misma paciencia que tenía inicialmente.

Con una alineación de este género en manos, podemos empezar a identificar las células, en las que se encuadran las diversas acciones recogidas anteriormente.

	Producción	Distribución	Cobros	Post-venta
Línea de productos 1				
Línea de productos 2				
Línea de productos 3				
:				
:				
Línea de productos N				

TRANSVERSO	
Auditoría	
Recursos Humanos	
Servicios legales	
Contabilidad	
Logística	
Computadoras	
Calidad	
Marketing	
Finanzas	

Figura 61 - Tabla bidimensional

En este punto del proceso, nuestro rompecabezas se está construyendo rápidamente…

Dentro de cada célula, se identifican los elementos clave cuya respuesta es necesaria para que las acciones se pueden desarrollar, identificando las tareas, las personas, los marcos jurídicos, las normas internas, los documentos de apoyo, preguntas frecuentes, consejos y procedimientos y otros aspectos que se consideren relevantes.

Los procedimientos deben definir la manera de hacer, el tiempo dedicado a la tarea, la persona responsable y la persona o personas a quienes se dirige la acción.

	Producción	Distribución	Cobros	Post-venta
Línea de productos 1				
Línea de productos 2				
Línea de productos 3				
:				
:				
Línea de productos N				

TRANSVERSO

Auditoría	
Recursos Humanos	
Servicios legales	
Contabilidad	
Logística	
Computadoras	
Calidad	
Marketing	
Finanzas	

. Departamento
. Función
. Responsable
. Empleados / Función / Contacto
. Características técnicas
. Retórica de ventas
. Procedimientos de Marketing
. Procedimientos de cobro
. Procedimientos pos venta
. Procedimientos de compra de materias primas
. Procedimientos de producción
. Documentación de respaldo
. Normas aplicadas
. Competencias delegadas
. Legislación aplicable

Figura 62 - Tabla tridimensional 1

En este ejemplo, se propone un conjunto de elementos relacionados con la "línea de productos 2".

Para cada departamento de la empresa, podremos tener algo como esto:

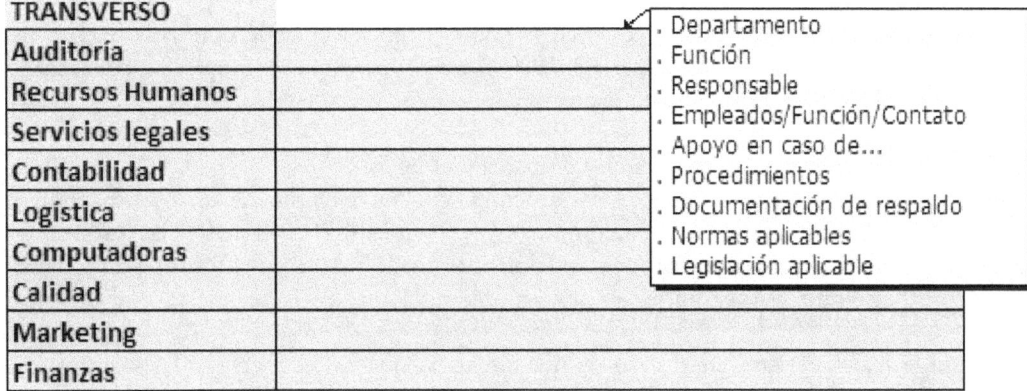

	Producción	Distribución	Cobros	Post-venta
Línea de productos 1				
Línea de productos 2				
Línea de productos 3				
:				
:				
Línea de productos N				

TRANSVERSO

Auditoría	
Recursos Humanos	
Servicios legales	
Contabilidad	
Logística	
Computadoras	
Calidad	
Marketing	
Finanzas	

. Departamento
. Función
. Responsable
. Empleados/Función/Contato
. Apoyo en caso de...
. Procedimientos
. Documentación de respaldo
. Normas aplicables
. Legislación aplicable

Figura 63 - Tabla tridimensional 2

En determinados casos específicos, hay acciones cuyo acceso a los procedimientos establecidos pueden estar condicionados, por los niveles de autorización previamente determinados o por delegación de poderes, manteniéndose esta información con carácter reservado, y / o confidencial.

En este momento, la herramienta estará lista para que se consulte una acción realizada por cualquier empleado de la empresa, siendo posible indicar a los demás con precisión, cual es el único procedimiento correcto.

Se camina rápidamente para garantizar el principio de la Seguridad y Confiabilidad, en el desempeño de las tareas. La gente sabe la forma correcta de hacer las cosas, sabe que esta forma se entiende bien en toda la organización, y se siente seguro en la ejecución de las tareas.

Esta herramienta aún no previó cuál, o cuáles, son los procedimientos correctos en caso de imprevisto.

La gestión de imprevistos

La gestión de imprevistos es algo que rara vez está cubierto en los manuales de las organizaciones.

Cuando surge un imprevisto, por su naturaleza, plantea un problema que necesita una solución creativa. La solución tiene que abordar la dificultad creada que, en el caso de un imprevisto, creó un contexto de acción para lo que no existen procedimientos adecuados, previamente definidos.

Frente a la necesidad, el empleado tendrá uno de los cuatro tipos de respuesta que damos ante el origen de una acción:

- **Delegar la responsabilidad**: Situación en la que el trabajador se socorre de otra persona para encontrar la solución. Puede ser el caso de un subordinado que decide que la responsabilidad, de esta solución, recae en sus superiores jerárquicos, o un liderazgo jerárquico que ordena a un subordinado para encontrar una solución al problema, o un empleado que solicita la ayuda de otro colega para resolver esta dificultad;
- **Ejecutar la solución**: Situación en la que el trabajador encuentra su solución al problema, y la pone en práctica;
- **Posponer la solución**: Situación en la que el trabajador decide que necesita un poco de tiempo para encontrar la mejor solución y recopilará información adicional que le permitirá tomar una decisión;
- **Ignorar el problema**: Situación en la que el empleado decide que nada hará, o porque no quiere la responsabilidad de cualquier tipo de solución, o porque cree que las consecuencias de la falta de resolución del problema no lo afectarán.

Cuando lo imprevisto surge y se ignora, ¡la compañía pierde!

Se pierde la oportunidad de fortalecer la estructura, con un ejemplo de un evento sorprendente que puede ocurrir. Se pierde una oportunidad para la comunicación y el intercambio de experiencias internas.

Se pierde la oportunidad de encontrar una solución, que puede ser útil en el futuro para toda la organización.

No se debe permitir que un imprevisto sea ignorado, ya que es la respuesta que impide el progreso de la organización.

Cuando surge lo imprevisto, en el caso de una situación que no está en el SEI - Soporte Estructurado de la Información, el empleado debe hacer el relleno del formulario de recogida de accionés, del tipo que sirvió de base para la recogida de información para construir el SEI, de manera que podamos analizar la situación, y decidir sobre la difusión de la solución en toda la empresa.

Lo imprevisto, al no ser ignorado, su solución puede ser delegada o concretada.

En cualquier caso, siempre se debe rellenar el formulario de recogida de información, sobre las medidas adoptadas en la compañía.

Si la situación y / o la solución se revelar muy específica de una realidad localizada en el tiempo, en el espacio y en el contexto en que se desarrolla, se puede concluir que no hay necesidad de reflejar la solución en el SEI, pero el registro de su ocurrencia es esencial, y la decisión sobre su inclusión en el SEI debe incumbir a las estructuras jerárquicas superiores de la organización.

Pero, el primer paso en la gestión de imprevistos es la definición de un imprevisto.

La empresa debe considerar cómo imprevisto a cualquier problema que carece de una respuesta que no se incluye en el SEI.

Teniendo en cuenta la necesidad de una acción, cuyos procedimientos no están definidos, si se mantienen, cada empleado continuará proporcionando la respuesta que preferir para el problema y, en última instancia, la dirección de la organización puede llegar a sentir en peligro la identidad colectiva, enfrentando una caracterización errónea de la empresa.

Para cualquier celdilla de la tabla SEI, debe crearse una rúbrica llamada "En caso de imprevisto...", que debería establecer:

- ¿Quién es responsable de encontrar una solución?
- ¿Qué enrutamiento inmediato del formulario de recogida de las acciones?
- ¿Cuál es el periodo máximo de tiempo en el que se debe completar el proceso?
- ¿Cómo es la difusión y archivo de la solución implementada?

Así, se garantiza la existencia del desarrollo de un proceso continuo de aprendizaje dentro de la organización, sobre la base de la comunicación interna, en la búsqueda de soluciones creativas y la mejora de procesos.

La vida real es fructífera en la prestación de situaciones de sabotaje, a la planificación de las organizaciones.

Un ejemplo de ello son las situaciones de transición.

Las reglas pueden estar bien definidas, mediante la convergencia de toda la organización en torno a una determinada línea de pensamiento, luego viene una excepción que se mantendrá sólo mientras…

Consideremos, por ejemplo, una situación de cambio de las instalaciones físicas de una unidad operativa. Mientras discurre el proceso de cambio, la operatividad de esta unidad se ve comprometida. En consecuencia, su capacidad para realizar las tareas asignadas a la misma, y como se relaciona con otros departamentos de la empresa, necesariamente se verá afectada en múltiples aspectos.

La solución más común, para la mayoría de las empresas, es no hacer nada diferente. A veces, se piensa reanudar la normalidad tan pronto como sea posible, y no se tiene en cuenta lo que hacer de manera diferente mientras transcurre el proceso de transición.

Los problemas se acumulan, tanto más cuanto mayor sea la dicha transición. Cuando lo que se pretendía ser temporal se prolonga en el tiempo, ¡las consecuencias pueden ser catastróficas!

La dirección de la empresa no puede aceptar que existan procesos saboteadores, al normal funcionamiento de la organización.

Cualquier situación temporal, transitoria y / o específica, que reconozca una situación de fallo para el funcionamiento de la organización, uno de los dos:

- O se contempla en el SEI – Soporte Estructurado de la Información;
- O será tratada de acuerdo con las reglas definidas para la gestión de imprevistos.

Así, existe un control efectivo por parte de la dirección de la empresa, sobre las acciones que se llevan a cabo todos los días.

Se consiguen ganancias de información disponible para análisis, y ganancias de objetividad en la toma de decisiones, reduciendo siempre las situaciones de decisión por casualidad.

El principio de Seguridad y Confiabilidad se ha mejorado, debido a que las acciones, ante un imprevisto, ocurren debidamente gestionadas por un conjunto de procedimientos, predeterminados.

Implementación

La implementación del SEI - Soporte Estructurado de Información se realiza teniendo en cuenta la anterior comunicación establecida con todos los empleados, en relación con esta herramienta.

Sin embargo, en esta etapa, es absolutamente pertinente recapitular, para toda la empresa, las etapas del proceso de construcción del SEI desarrolladas hasta la fecha, explicando que la definición final de los procedimientos es el resultado de la recopilación, agrupación, análisis y estandarización de las prácticas ya utilizadas en la compañia.

En realidad, no hay nada nuevo. Sólo consiste en dar forma concreta al conjunto global de las acciones que ya se iban desarrollando en conjunto, lo que permite incrementos en la productividad y la comunicación, dentro de la empresa.

Es importante comunicar que la gente tiene una responsabilidad acrecentada para completar, correctamente y con éxito, todas las tareas y es la responsabilidad de la dirección de la empresa comprobar periódicamente el buen funcionamiento de la organización, de acuerdo con lo que se establece.

A continuación, informamos los trabajadores en detalle cómo se organizó la información, donde está disponible para consulta, y alertando para los procedimientos de gestión de imprevistos, absolutamente crucial para la coherencia de esta herramienta a través del tiempo.

Por último, hay que mencionar como serán difundidos y aplicados los cambios que se pueden hacer en el futuro en el SEI - Soporte Estructurado de la Información.

Implementación del SEI

Explique a toda la compañía:

1- Resultado final = $\sum$ (Colección, agrupamiento, análisis e estandarización) prácticas ya existentes;
2- Permite ganancias de productividad y comunicación;
3- Mayor responsabilidad en la ejecución de todas las tareas;
4- ¿Cuál es la organización de la información y los procedimientos para la gestión de imprevistos?;
5- Como se publicará cualquier cambio futuro en el SEI.

Figura 64 - Implementación del SEI

Mantenimiento

Una vez desplegado, el mantenimiento de la SEI - Soporte Estructurado de la Información vuelve extremadamente sencillo, desde que el mecanismo de gestión de imprevistos sea bien definido.

Al igual que cualquier otro procedimiento, la misma acción de alteración y mantenimiento del SEI debe ser definida desde el principio, con la indicación del modo de hacer, tiempo dedicado a la iniciación y terminación de la tarea, los recursos materiales utilizados y los recursos humanos involucrados (¿Quién es responsable de qué?).

Mantener el SEI requiere la participación activa, y permanentemente vigilante, por parte de la gestión de la empresa. En una organización más grande, esta responsabilidad puede y debe tener delegada la responsabilidad al departamento de control de calidad que, en virtud de estas funciones, tiene que ser alguien con poder para actuar al lado de quién realiza los cambios físicos en el SEI.

Para cualquier medio elegido (por lo general es el formato digital), el responsable de mantener el SEI tiene que mantener una conexión cerca de aquellos que realizan cambios físicos en el soporte elegido, de manera que no ocurran grandes intervalos de tiempo entre la detección de la necesidad y la implementación de cambios, asegurando que la herramienta se hace en realidad muy útil, en los negocios del día a día.

Conclusión

Con un Soporte Estructurado de la Información anclado en la práctica diaria de la empresa, el análisis de las diferencias registradas entre los resultados y los objetivos definidos, es pasible de explicación, a través de la identificación de acciones que han demostrado una menor eficacia.

Las acciones pueden haber sido mal ejecutadas, no ser apropiadas para el contexto en el que se han desarrollado; insuficientes debido a la acción de la competencia, etc.

Por otra parte, las acciones que pueden haber sido particularmente bien ejecutadas, muy adecuadas y / o que se han producido en contexto de anticipación a la competencia, terminan destacadas.

Además de los beneficios operativos antes citados, y más allá de las ganancias inherentes a la comunicación dentro de la organización, con la construcción del SEI - Soporte Estructurado de la Información, la empresa adquiere una herramienta de ayuda para la toma de decisiones, que aumenta la precisión en la identificación de necesidades de enmiendas: si al nivel de los individuos, si al nivel de los procesos.

Cumulativamente, su uso regular crea las condiciones para el aprendizaje interno continuo, el desarrollo del pensamiento convergente y para valorar el sentimiento de pertenencia a la organización.

A continuación, compruebe donde se encuentra su organización…

Soporte estructurado de la información					
Nivel 5: Mejorar continuamente	Las fuentes y las frecuencias de los problemas se documentan como parte del trabajo de rutina, los problemas de raíz son identificados y los planes de acción correctiva se desarrollan.	El Soporte Estructurado de la Información también se utiliza para facilitar el trabajo de los compañeros. La ayuda mutua se manifiesta cada vez más dentro de la empresa.	Hay respuestas a los estímulos que se extienden más allá de la función del trabajador, dada la manera única y convergente en toda la empresa. Hay un creciente sentimiento de pertenencia a la organización.	La gestión de imprevistos se asume de forma natural. Cada ocurrencia está documentada y alcanza al mayor número posible de las áreas de la organización.	Se piensa el SEI continuamente hacia su mejoramiento (simplificación y optimización), con miras a la mayor eficiencia posible en el contexto en el que se dedica.
Nivel 4: Centrarse en la fiabilidad	La frecuencia de las acciones y su impacto en términos de costes y beneficios se revisan periódicamente con base en el valor inherente a la organización.	El conocimiento de las prácticas en la empresa se extiende más allá de las tareas individuales de cada empleado. El SEI se hace referencia en la comunicación entre las personas.	Las respuestas a los estímulos y la ejecución de las acciones se producen naturalmente en conformidad con las recomendaciones contenidas en el SEI. La gente se siente seguro y confiado en la ejecución.	Se documentan los métodos fiables de resolver los imprevistos, métodos que se siguen en todo el grupo de trabajo.	El Soporte Estructurado de la Información es único y de fácil acceso. Hay método en la forma cómo los estándares internos son publicados por la organización y cómo se hace la información actualizada.
Nivel 3: Modo visual	Se crea uno soporte estructurado de información de acceso fácil y generalizado, que se utiliza para la auto-formación y la orientación en el desempeño de las tareas.	Los procedimientos, tiempo dedicado a la tarea y los recursos humanos y materiales involucrados son conocidos. Las prácticas se desarrollarán de manera uniforme.	La ejecución de las acciones es adecuada y la delegación de tareas también. Posponer la acción e ignorar los estímulos rara vez surgen. La gente se siente seguro en su papel.	Cada trabajador realiza los procedimientos establecidos correctamente en caso de imprevistos, incluyendo la ocurrencia y la notificación de su registro.	El grupo de trabajo velará por procedimientos de control constantes como se define en el SEI.
Nivel 2: Foco en el básico	La información sobre las actividades previstas se recoge, analiza, entiende y trabaja de acuerdo a su valor a la empresa.	La empresa ha definido prácticas uniformes. Las situaciones de dependencia funcional se consideran en el desempeño de las tareas.	La ejecución de las acciones es apropiada ante el estímulo. Todavía hay una delegación inadecuada de tareas. Posponer la acción e ignorar estímulos surgen de vez en cuando.	Cada trabajador conoce los procedimientos a seguir e identifica a los responsables de la solución de un problema imprevisto.	Se elige el soporte de datos estructurado y se está definiendo la metodología inherente, su construcción, su actualización y sus líderes.
Nivel 1: Empezando	Hay varios medios de difusión de la información, existen instrucciones de voz, folletos, correo electrónico, manuales, etc.	Las acciones se desarrollan de forma independiente y diferente de un individuo a otro. Cada trabajador realiza su propio camino en muchas de sus tareas.	Ignorar y posponer son las respuestas a diferentes estímulos para la acción. Hay demasiadas situaciones de delegar tareas. La gente a menudo no se siente seguro en la ejecución.	A menudo, los empleados buscan a su forma de resolver problemas y no se hace algún tipo de registro de las soluciones adoptadas.	No hay un soporte estructural de información único y de fácil acceso. No existe un método en la forma como las normas internas son publicadas por la organización.
Ponga una marca amarilla indicadora del nivel de rendimiento en cada área SEI	**Información**	**Acciones Prácticas**	**Respuesta Sentimiento**	**Gestión de Imprevistos**	**Mantenimiento Implementación**

Figura 65 - SEI, del nivel 1 al nivel 5

2.8 SIMPLIFICACIÓN CENTRADA

Simplificación centrada

La Simplificación Centrada es una práctica en las organizaciones que trata de aprovechar la creatividad de sus empleados.

Si se realiza con éxito, resulta en un beneficio claro para toda la empresa y para sus clientes.

Toda compañía realiza una promesa de servicio. Esta promesa, en la perspectiva del cliente, se puede o no satisfacer.

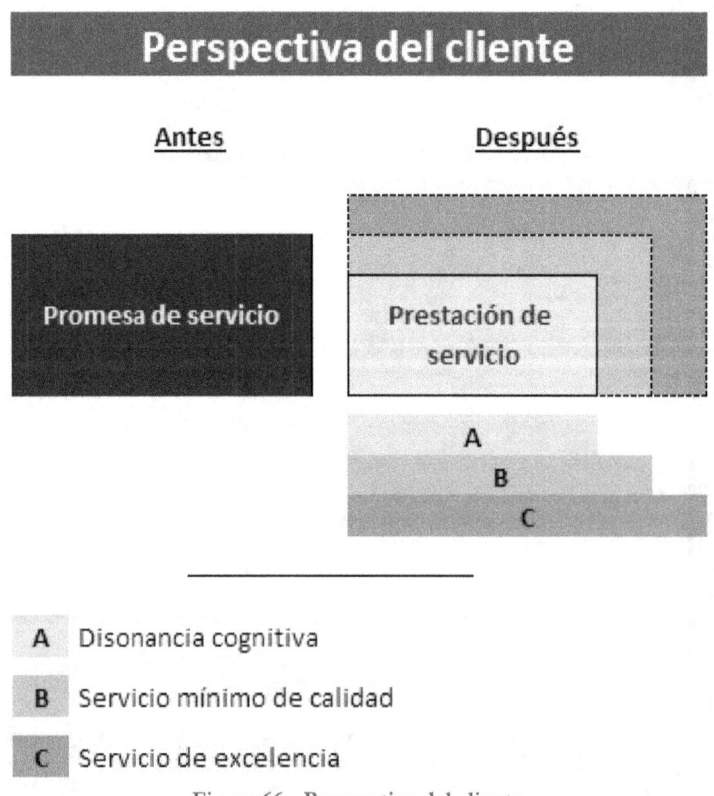

Figura 66 - Perspectiva del cliente

En "A", el nivel de servicio que en realidad se proporciona al cliente, es percibido como inferior a lo prometido antes de la compra, produciendo una falta de correspondencia entre el sentimiento de satisfacción anticipado por el cliente antes de la compra, y la sensación de satisfacción experimentada después de comprar. Frente a este tipo de experiencia, el cliente tiende a buscar la competencia.

En "B", desde la perspectiva del cliente, el nivel de servicio proporcionado coincide exactamente con el nivel de servicio que se espera antes de la compra. El cliente se siente satisfecho ya que consiguió lo que quería, de conformidad con el acuerdo entre las partes.

En "C", la compañía sorprendió positivamente el cliente, superando sus expectativas iniciales sobre el nivel de servicio recibido. Esta es la situación en la que el cliente dice con satisfacción: "¡Excelente!"

¡Es aquí donde la creatividad hace la diferencia!

La creatividad es algo que debe presentarse todos los días en el negocio, porque usted tiene que proporcionar un excelente servicio sin cobrar excesivamente por la mejora.

La gente no valoriza la misma experiencia con el mismo valor, de la misma forma, al mismo tiempo. Las empresas de excelencia ubican sus estándares de servicio en situaciones de "B" y "C". Las empresas mediocres se posicionan predominantemente en "A".

Aunque existe un cierto conjunto de circunstancias que pueden presentar dificultades temporales para la buena prestación de servicios, empresas en las que hay espacio para que los empleados expresen su creatividad, crean las condiciones para que un tipo de servicio básico, "A" o "B", pueda ser percibido por los clientes como un tipo de servicio "B" o "C".

Si siempre haces todo de la misma manera, ¿cómo puedes sorprender?

El nivel de expresión de la creatividad individual juega un papel importante en la capacidad competitiva de la organización.

Para que la creatividad pueda ser revelada en su totalidad, la gente tiene que sentir libertad de expresión, y debe sentir que sus ideas pueden ser aceptadas.

Antes de estimular, es necesario libertar el pensamiento divergente. Promover la creación de opciones dentro de la organización, y permitir que las ideas, para hacer las cosas más simples, puedan tomar forma.

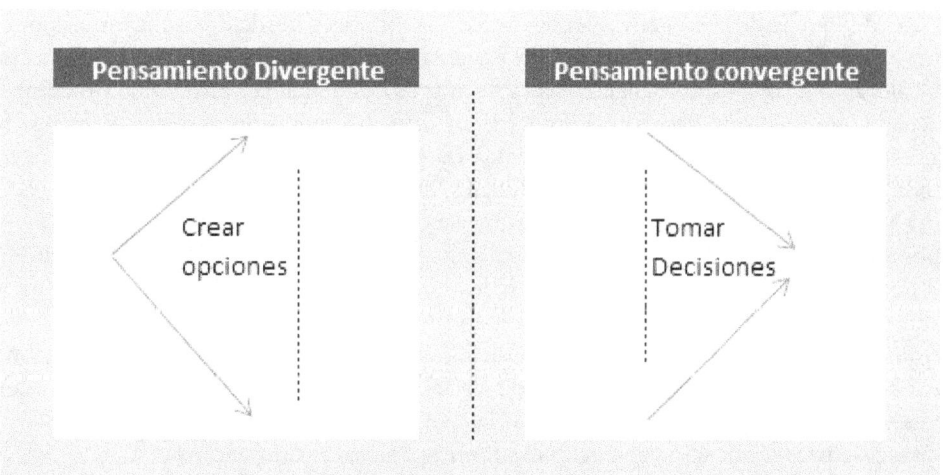

Figura 67 - Pensamiento, divergente y convergente

Por lo general, mientras que el pensamiento divergente cierra cargas emocionales superiores, más cerca de los profundos sentimientos de la gente, el pensamiento convergente asume el predominio del componente racional, buscando a una conclusión sobre las mejores soluciones para los problemas que surgen.

Ambos son importantes. Ambos son influyentes. Ambos deben ser tenidos en cuenta.

Cuando James Wood Young escribió el libro "A Technique for Getting Ideas" sobre la metodología para tener ideas, definió principios y métodos fundamentales para tener éxito.

Los principios son los siguientes:

1°   La idea es una nueva combinación de elementos antiguos.

2°   La capacidad de encontrar nuevas combinaciones de elementos antiguos depende de la capacidad de detectar relaciones entre las cosas.

El primer paso en el método de producción de las ideas es la recogida de materias primas, en términos generales y en términos específicos. En términos específicos, significa profundizar en el conocimiento más allá de la superficie, en busca de la individualidad de las relaciones que conducen a una idea.

La colección de material implica escuchar sin menospreciar las ideas de otros. Observar sin hacer juicios de valor. Ser curioso sobre el porqué de las cosas. Reflexionar sobre las posibilidades, sin considerar como cierta cualquier hipótesis.

Yonathan Dominitz, el gurú de la creatividad empresarial y fundador de Mindscapes (themindscapes.com), argumenta que la inspiración y el sentido práctico tienen que seguir su camino junto.

La realización práctica de una idea nos obliga a separar los conceptos de idea e innovación.

La creatividad es un proceso individual. La idea surge en la mente de uno.

La innovación es un proceso colectivo. La idea trabajada colectivamente en grupos conduce a un cambio de la percepción.

Mientras que la creatividad es la idea en sí misma, la innovación es la realización de esta idea.

Por lo general, la creatividad en los negocios se pierde en grandes cantidades. En general, la libertad para exponer las ideas a la crítica colectiva es limitada a los departamentos de "Marketing y publicidad" y "Investigación y desarrollo", en el diseño de nuevos productos.

A menudo, hay una pérdida significativa de la capacidad creativa de los demás miembros de la organización.

En muchas empresas hay espacios específicos para la recopilación de sugerencias, de cualquier trabajador.

Lo que es importante, es que las personas se sientan seguros al hacer una sugerencia cada vez que se identifica una oportunidad de mejora, independientemente de la posición que ocupan en la empresa, sin temor a la crítica y dentro de un espíritu constructivo de entrega a la organización.

Para ello, es importante contar con el diálogo y la comunicación entre los diferentes departamentos, áreas de conocimiento y de acción, para que las asociaciones y combinaciones innovadoras puedan surgir como resultado de las diversas perspectivas individuales.

No se puede permitir que los aspectos de la personalidad impidan a cualquier empleado de dar su opinión. El tímido o callado puede pensar tan bien, o mejor, que una persona extrovertida. Lo más probable es pensar de forma diferente. Y esta diferencia de perspectivas agrega valor a la empresa, desde que se manifiesten.

La forma en que las sugerencias se trabajan, y disfrutan, difiere significativamente de una compañía a otra.

¿Cómo valorar una larga lista de sugerencias y decidir cuáles deben ser puestas en práctica?

En muchas empresas, esta decisión se limita a un estrecho rango de personas cerca de la parte superior de la empresa. En estos casos, la decisión de implementar las sugerencias pasa inevitablemente por el encuentro de estas sugerencias con sus propios puntos de vista individuales, limitando así el desempeño de la organización.

Esto no va a ser la mejor manera de proporcionar el crecimiento colectivo.

Es importante que todos, incluyendo a los más altos directivos de la empresa, nos damos cuenta de lo mucho que estamos limitados por nuestras experiencias. Nuestra capacidad de ver las cosas puede ser amplificada cuando se mira en las diferentes perspectivas que otros pueden aportar.

Es cierto que el conocimiento más profundo de la organización, inherente a ciertas funciones, puede conferir una mayor capacidad de juicio racional en la toma de decisiones, pero este juicio se puede hacer, en la medida de lo posible, aceptando como hipotéticamente correctas las perspectivas de los demás.

La valorización práctica de las sugerencias es un reto para las organizaciones.

Cuando esta valorización ocurre respetando las diferentes perspectivas individuales, es quizás el paso más importante que permite potenciar la creatividad individual en favor del colectivo.

Como se señaló anteriormente, la Simplificación Centrada es un proceso de involucramiento e integración de las personas, y de los departamentos constitutivos de una organización, que permite la obtención de mejoras de la productividad en las empresas.

La simplificación tiene por objetivo encontrar una solución para un dado problema, que permita obtener el mismo resultado final con menos esfuerzo.

El objetivo es concentrar nuestra energía en lo que es verdaderamente importante: la tarea en curso.

La SC - Simplificación Centrada es disfrutar de la diversidad de perspectivas inherentes a las personas que conforman la organización, utilizando todo este potencial creativo de conformidad con las prioridades del negocio.

Cuando el proceso de la "Simplificación Centrada" está implementado, la empresa obtiene ganancias competitivas significativas, debido a la concentración de las sugerencias de sus empleados para resolver problemas individuales y colectivos.

"La simplicidad es acerca de restar lo obvio y añadir lo que tiene sentido."
John Maeda

Ventajas inherentes:
- Reducción de costos;
- Mayor eficiencia operativa;
- Mayor capacidad de innovación;
- Mayor nivel de excelencia, es decir, una mayor capacidad de sorprender al alza.

Se presentan algunos retos:
- Asegurar la integración y participación de todos los empleados;
- Apreciar las sugerencias presentadas por los diferentes puntos de vista individuales, con objetividad, respeto a las diferencias y sin hacer juicios de valor;
- Asegurar de que las sugerencias que no se han aplicado no constituyen ninguna fuente de insatisfacción en los empleados que las formularon;
- Desarrollar una metodología para la recolección, el procesamiento y la aplicación de las sugerencias que se asegure de la eficacia del proceso.

Con la creación del proceso de Simplificación Centrada, tenemos la intención de asegurar el cumplimiento de dos principios fundamentales:
1- Curiosidad y Participación
2- Dinámica y Eficiencia

Curiosidad y Participación

Cuando la curiosidad domina nuestro pensamiento, tratamos de comprender el porqué de las cosas y no nos limitamos a hacer las cosas de una forma sólo porque siempre lo han hecho así. Cuando nos damos cuenta de lo que nos rodea, empezamos a ser capaces de establecer relaciones entre las cosas, a menudo encontramos soluciones únicas y apropiadas para un dado problema.

Es necesario que esta curiosidad se ponga al servicio de la organización y promueva la participación individual de cada empleado en el proceso de SC - Simplificación Centrada.

Dinámica y Eficiencia

Si el cambio es una constante en la vida, ¿cuál es el valor de la estabilidad?

La resistencia al cambio es inherente a los temores naturales que los seres humanos tenemos con respecto al peligro de lo que se desconoce. La resistencia al cambio por parte de los empleados es costosa para las organizaciones.

Antonio Damásio descubrió que detrás de la singularidad individual está la estabilidad.

La adquisición de una dinámica de progreso implica la adopción de procesos de simplificación en los que la expresión de la creatividad individual se ejerce sobre una realidad dada a conocer a todos.

Si se evalúa el conjunto de sugerencias de simplificación según una metodología conocida, respetuosa de las diferentes perspectivas individuales y que permite la agregación del interés colectivo, la organización puede lograr importantes ganancias de eficiencia en el que pondrá en práctica los cambios que son necesarios, en cada circunstancia, teniendo en cuenta los intereses individuales y colectivos.

La compañía puede convertir los "intereses comunes" en "interés común".

El valor que una sugerencia individual tiene para la organización depende de los beneficios que aporta al colectivo.

El trabajo en equipo siempre asume una dinámica propia, inherente a los elementos constituyentes.

Hay aspectos identificados por varios autores que inequívocamente caracterizan la dinámica de trabajo en equipo.

Si el equipo funciona como un sólo cuerpo, entonces se producirán los siguientes tres supuestos:
1- La participación es equilibrada y se distribuye a todos;
2- Hay renuncia a la posición individual;
3- Hay complementariedad en las capacidades individuales.

Cuando el equipo funciona de verdad, los elementos son considerados colectivamente responsables.

La comunicación es verdadera.

Se alienta a las opiniones divergentes.

El respeto, la apertura mental, la unidad y la cooperación son valores que se consolidan en el grupo de trabajo.

Participación y compromiso son los principios básicos de actuación.

La eficiencia implica que no hay residuos en el proceso de obtención de resultados. En consecuencia, existe la necesidad de que la empresa tenga la capacidad de aprovechar el potencial latente en el grupo de trabajo.

Implementamos un progreso colectivo dinámico financiado por la búsqueda constante de la eficiencia necesaria para mantener la coherencia a largo plazo.

El principio de "Dinámica y Eficiencia" es basado en el reconocimiento de la necesidad de mantener constante la búsqueda por la mejora eficiente y debe estar subyacente en la metodología del proceso de Simplificación Centrada.

Antes de concretar la práctica de implementación del método de Simplificación Centrada es útil reflexionar sobre cómo recientemente las empresas se han ocupado de la creatividad de sus empleados.

Hasta finales del siglo XX, las empresas consideraban serias dificultades para hacer frente a las sugerencias y al uso de la creatividad de sus empleados, con un mínimo de eficacia.

Dos cosas surgen como principales determinantes de la eficacia de las empresas:

1- A veces, las sugerencias no son apropiadas, es decir, los empleados, en general, tienden a hacer propuestas de mejora que se traducen en una mejora inmediata de su propio bienestar, o sugerencias que implican una carga crítica a la alta dirección de la empresa. En ambos casos es aceptable que para la organización pueda no tener sentido poner en práctica esas sugerencias.

2- Teniendo en cuenta la sugerencia de un colega, es frecuente surgir otro colaborador con una contra sugerencia que debilita la propuesta inicial o la modifica, ocurriendo algunas formas de debate no constructivo que no favorecen la productividad de la empresa.

Reconociendo la importancia de aprovechar el potencial de la creatividad existente en la empresa, junto con la presión por las ganancias en competitividad, ha llevado a las organizaciones a desarrollar sus propios procesos para la recolección de nuevas ideas, tratando de hacerlo en un entorno controlado.

Surgió el uso cada vez mayor de los procesos de "brainstorming" y de "fast brainstorming".

En el proceso de "brainstorming" las compañías promueven reuniones sobre diversos temas entre sus empleados, buscando que del debate de ideas entre todos puedan surgir ideas innovadoras (Ideas innovadoras = ideas creativas que se pueden poner en práctica).

Estas reuniones son necesariamente consumidoras de tiempo e aporten intrínsecamente una serie de costos que ni siempre son realmente monetizados por las organizaciones.

Luego se ha evolucionado para las reuniones de "fast brainstorming".

En el "fast brainstorming" se reúne un conjunto amplio de colaboradores sobre algunas cuestiones clave para la organización.

Se subdivide el grupo en grupos más pequeños, asignando un sólo tema a cada pequeño grupo.

Se distribuye rápidamente un conjunto de post-its por cada elemento y se pide para que cada elemento apunte a sus sugerencias para la resolución de los problemas (o para aprovechar oportunidades) relacionados con el tema por el cual su pequeño grupo es responsable.

Los datos individuales son recogidos y agrupados de las cuatro o cinco soluciones que surgen como las más comunes dentro de cada grupo pequeño.

Se agrupa la información recogida inherente a las cuatro o cinco soluciones para aplicar a cada tema y se las divulga al gran grupo.

Se alcanza una rápida difusión de las que parecen ser las buenas prácticas en los temas clave para la organización de la empresa, con una supuesta mayor productividad con respecto a las reuniones de "brainstorming".

En lo que respecta al aprovechamiento de la creatividad, los dos procesos tienen limitaciones que revelan su ineficacia:

"Brainstorming" Las personas están condicionadas por aspectos inherentes a su personalidad. No todos se expresan públicamente con la misma clarividencia y confianza y muchas se sienten inhibidas para presentar sus sugerencias, incluso cuando creen que sus ideas son preferibles a las existentes.

Las personas están condicionadas por la presencia de la presión para producir ideas.

"Fast brainstorming" Además de lo anterior, el proceso también está condicionado por la falta de diálogo e reducido intercambio de experiencias, a menudo dejando en los participantes una sensación de que la reunión fue simplemente una pérdida de tiempo (a veces llamado "falso brainstorming").

Una buena idea puede ser rechazada solamente por estar en minoría, ni siquiera llegando a debatirse.

Las ideas no surgen cuando queremos.

Las buenas ideas vienen de forma inesperada después de un período de procesamiento mental de la información que les da forma. Surgen en el baño, al afeitarse, mientras una viaja en coche, al tomar el café, al mirar algo, etc.

Llevar siempre consigo algo donde capturar un pensamiento, ¡puede ser una buena idea!... ☺

Con el desarrollo y el uso masivo de los recursos informáticos en las organizaciones, la creación de un procedimiento eficaz para la recogida de sugerencias puede permitir realmente aprovechar el potencial creativo de la compañía.

Los principios de "Curiosidad y Participación" y "Dinámica y Eficiencia" deben sobresalir para que posamos concluir que el proceso de Simplificación Centrada es preferible a las alternativas que tenemos en marcha.

Echemos un vistazo de estudio de caso a una operación inherente a la gestión de los servicios del transporte público de pasajeros, que nos ayuda en la definición de la forma de ejecución del proceso de Simplificación Centrada.

El gerente de un transporte publico regular de viajeros fue el responsable de ruta de autobuses de su empresa hasta una pequeña ciudad situada en la orilla del mar.

Debido al terreno irregular, sólo iban y venían de la aldea por el mismo sitio.

Hubía dos paradas de autobús ubicadas en la localidad con el fin de dividir igualmente la población residente, tanto en términos de número de habitantes, tanto en términos de distancia a mover-se a pie hasta la parada de autobús.

Estas paradas fueron debidamente autorizadas y negociadas con las autoridades locales.

El autobús se ia en la ciudad haciendo el circuito que se muestra en el mapa con la línea verde.

Se recogian pasajeros en la parada de "A", seguido de la parada de "B", y los pasajeros recogidos volvían por el mismo camino, único adecuado para el tráfico rodado frecuente.

Figura 68 - Gerente de transporte publico 1

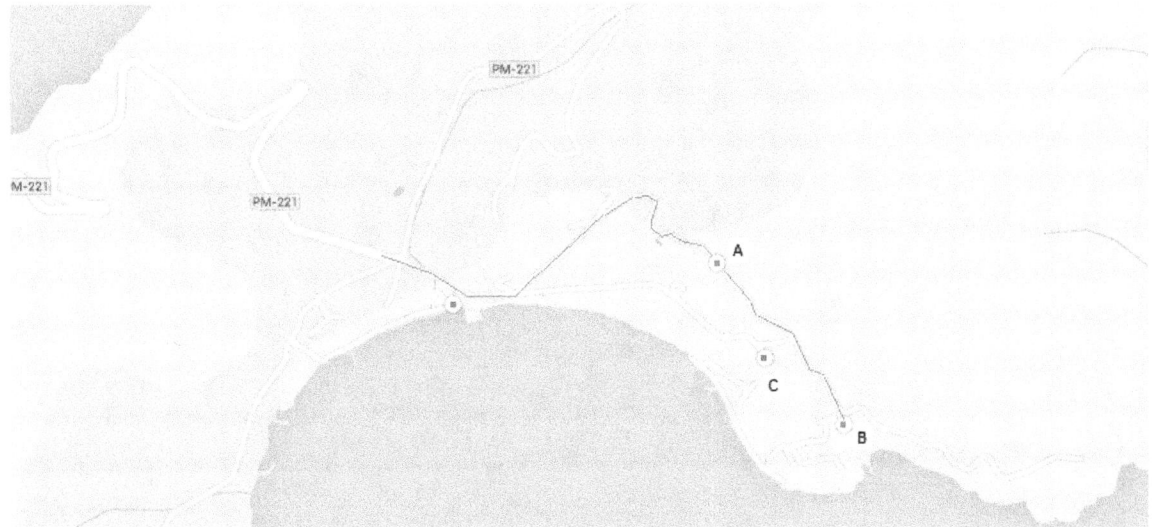

Figura 69 - Paradas de autobus 1

Un día, un residente de la aldea se queja por escrito a la empresa, sugierindo que eliminan
la parada de autobús "B" y llevan a cabo una nueva parada de autobús "C".
Justificó esta petición afirmando que prefería subir a 100 metros de su residencia hasta la parada "C",
que bajar 500 metros hasta la parada "B".
El gerente del transporte publico regular de viajeros se dio cuenta de inmediato de que el origen
del pedido se debia únicamente a la conveniencia personal de un cliente.
¿Cuál sería su decisión?

Figura 70 - Gerente de transporte publico 2

Esto es lo que hizo el gerente...
Analizando del punto de vista de la empresa, el cambio solicitado no representaba un cambio
significativo en términos de costos ya que los caminos eran ligeramente alterados.
Prácticamente, requeriría una licencia de las autoridades locales para hacer el cambio solicitado.
Él decidió elevar una encuesta de opinión entre todos los pasajeros que utilizaban los servicios de
transporte público de pasajeros de esa localidad. Ideó una información sencilla explicando que estaba
considerando la posibilidad de cambiar la segunda parada de autobús en la ciudad de "B" para "C"
y luego pidió que los pasajeros se manifiestasen a favor o en contra y con su identificación,
garantizando que cada pasajero se manifiestaba una sola vez.
Los conductores fueron instruidos para realizar la recolección de esta información durante un mes.
Sorprendentemente, un mes después, no hubo objeciones al cambio de ubicación de la parada
de autobús y se ha reunido a un porcentaje superior al 80% de los votos a favor de hacer el cambio.
El gerente se puso en contacto con las autoridades locales y pidió el cambio de la ubicación de la
segunda parada de autobús dentro de la localidad y justificó la petición con la solicitud inicial del
cliente y con los resultados de la encuesta específica desarrollada para tal efecto junto de los
usuarios del servicio.

Figura 71 - Gerente de transporte publico 3

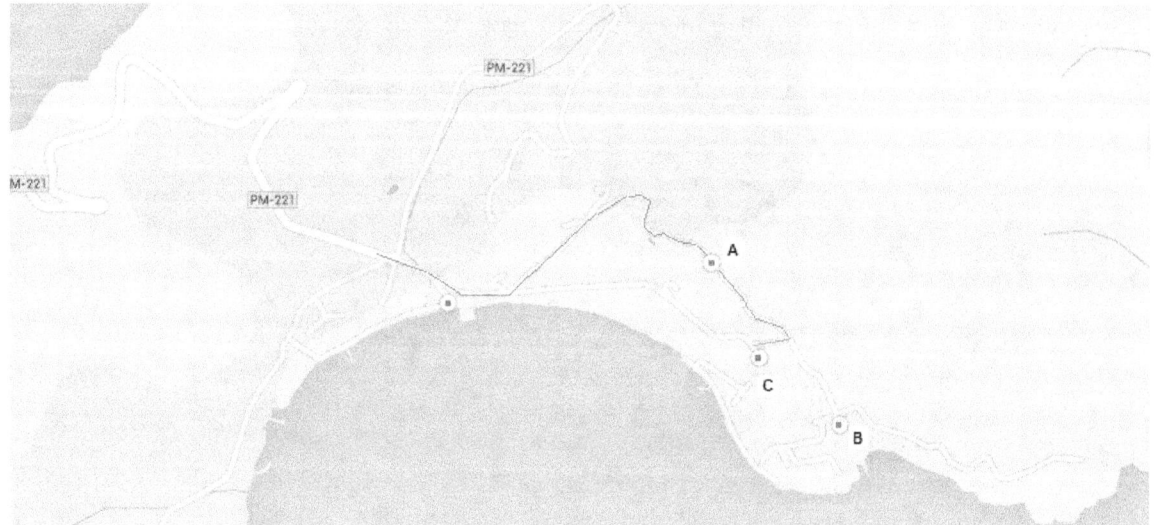

Figura 72 - Paradas de autobus 2

La parada de "B" se ha desactivado y el circuito de autobuses dentro de la ciudad se convirtió en el que se muestra en el segundo mapa.

Curioso, el gerente preguntó por qué razones nadie impugnó la clausura de la parada de autobús en "B".

Encontró que la ciudad baja era habitada por las familias que se han acostumbrado al uso de vehículo propio y disfrutaban de un tipo de vivienda residencial y más grande.

Llegó a la conclusión de que la parada en "B" tenía mucho menos utilidad que la parada en "C" y la ubicación en "C" sirve el interés de un mayor número de habitantes que residen en el pueblo.

Figura 73 - Gerente de transporte publico 4

Frente a la situación que se ha colocado, el enfoque adoptado por el gerente tuvo muchos méritos:
1- Definió el problema;
2- Ha abordado el problema sin prejuicios, sin considerar necesariamente como correcta la ubicación inicial de las paradas: observó sin hacer juicios de valor;
3- Ha realizado la recopilación de información adicional;
4- Ha contextualizado la medida en la realidad de eficiencia operativa de su empresa;
5- Verificó y validó los resultados obtenidos, tejiendo conclusiones sobre la mejor decisión para el interés de todos.

En la búsqueda del método en sí mismo, el enfoque tipificado en el método científico para la resolución de problemas también es quizás apropiado en este contexto empresarial:
1- Definición del problema;
2- Recopilación de información;
3- Formulación de hipótesis (sugerencia);
4- Prueba o experiencia (comprobación de validez);
5- Conclusión (análisis de los resultados).

De modo análogo, el método para implementar el proceso de Simplificación Centrada comienza con la identificación del problema / oportunidad, presenta una hipótesis sugerencia de resolución/acción, verifica los criterios de eficiencia, valida la sugerencia y, en caso afirmativo, establece un plan de acción.

Relativamente al método científico, en el proceso de Simplificación Centrada no ocurre un período de recopilación de datos antes de la formulación de una sugerencia. Se plantea la sugerencia y se hace la recopilación de información que permita concluir sobre su aplicación. La conclusión acerca de su aplicación es basada en tres criterios de eficiencia claros: el beneficio, la economía y la facilidad de implementación.

Esquemáticamente:

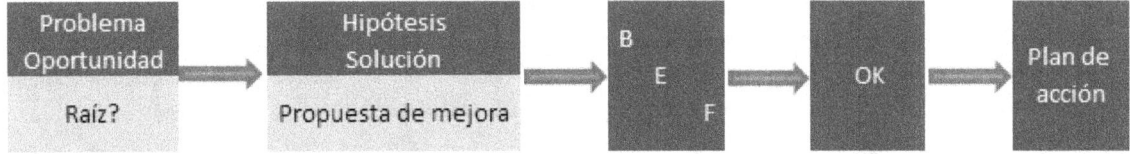

Figura 74 - Simplificación Centrada, método

Tenemos la intención de explorar la creatividad individual en beneficio del colectivo. Buscamos que las personas que trabajan en la empresa encuentren maneras de hacer más sencillo el día a día de todo, puedan comunicar esa información y que la suya implementación, siempre que posible, sea en breve.

La forma más eficaz de lo lograr pasa por asumir que cualquier sugerencia debe ser implementada, y actuar como tal. Sólo de esta manera podemos ser genuinos en la aceptación de la sugerencia de los demás como siendo una posibilidad real de solución.

" Lo más sencillos que somos, nos volvemos más completos."

August Rodin

La implementación de la idea siempre estará sujeta a la practicabilidad y eficiencia que la idea exhibir (o que se puede dar a la idea).

Asumir que cualquier sugerencia debe ser implementada hace considerar realmente la posibilidad de hacerlo. Y esta actitud, en sí misma, constituye un estímulo para que todos los elementos de la organización se sientan motivados a participar.

Constituye una autorización interna para que nuestra perspectiva de las cosas pueda cambiar.

Si el primer paso de la metodología consiste en suponer que cualquier sugerencia debe ser implementada, el segundo paso es establecer un proceso expedito de recopilación y procesamiento de sugerencias.

Este proceso de recolección y procesamiento de sugerencias debe potenciar y explorar la creatividad individual.

Para ello, no es suficiente sugerir la recogida de ideas. También tiene que motivar la discusión de ideas. La dificultad es hacerlo de una manera práctica y sin comprometer la productividad individual de los empleados.

Vamos por partes. En este segundo paso, primero tenemos que recoger la idea. Sólo después de ello tenemos que promover la discusión de la idea.

Con la ayuda de las herramientas informáticas, algunas empresas ya tienen un pequeño formulario dedicado a la recogida de sugerencias de sus empleados. Después de recogida la sugerencia, esta es analizada por el departamento responsable y se establecen conclusiones sobre su implementación.

A menudo, el debate sobre la idea presentada es nulo o débil, tanto en lo que respecta a las perspectivas consideradas, tanto en lo que respecta a la implicación que motiva a los otros trabajadores que no participan directamente en el proceso. Por lo general, la mayor o menor participación de los diferentes departamentos que constituyen la empresa depende directamente de la decisión del primer responsable por la recepción de sugerencias. El debate de ideas comienza por estar condicionado por el "recepcionista" de la sugerencia y es entonces también limitado por el número y la función de las personas que opinan sobre a la sugerencia.

Además del decisor, tanto en el caso de la implementación como en el caso de rechazo o de archivo de la idea, rara vez hay una clara percepción en la empresa sobre el porqué del resultado final.

Cuando en las empresas se promueve que la sugerencia hecha por un empleado se someta a la revisión de los restantes, es posible obtener, casi de inmediato, un proceso automático de mejoramiento de la sugerencia inicial.

Las ideas raramente nacen perfectas. Cuando sometida a debate, la gente, de manera constructiva, optimiza la idea inicial. El resultado final supera la suma de sus partes.

Todos dan su opinión. Todo el mundo siente que el resultado final tiene un poco de sí mismos.

El tercer paso de la metodología consiste en obtener la validación de la sugerencia.

Es necesaria la ocurrencia de un análisis eficaz, rápido y objetivo, que pueda facilitar la toma de decisiones sobre su implementación.

El hecho de que hay diferentes puntos de vista sobre los cuales se puede analizar la misma situación, hace que sea aconsejable obtener la opinión de todos los miembros de la organización. Esto produce un aumento significativo en la creatividad, la objetividad y la operatividad.

Se obtiene también la participación de todas las personas, con ganancias de comunicación dentro de la organización, funcionando el proceso de Simplificación Centrada como un proceso de promoción del pensamiento divergente con base en la premisa "todos por el interés común."

La validación de la propuesta se hace de una manera práctica, con base en tres criterios objetivos
- Beneficio: efecto positivo en la organización;
- Economía: reducción de costos o el aumento de los ingresos;
- Facilidad de implementación.

Cada persona en la empresa deberá dar su opinión en cuanto a suya percepción de la sugerencia para cada uno de estos tres criterios. Para un empleado de la gestión financiera puede parecer fácil de implementar los cambios sugeridos en el programa de seguimiento del saldo de clientes como se ha mencionado en el ejemplo de "semáforos de señalización en el control de cobros" (p. 62) y al departamento de TI el mismo cambio puede presentarse como prácticamente imposible de implementar.

Cada departamento tiene sus propias necesidades, dificultades, límites y restricciones, los cuales no siempre son percibidos por sus colegas de otras áreas de la empresa. Si todo se pronuncien sobre una determinada sugerencia, la alta dirección de la empresa obtiene información diversa y útil sobre las dificultades sentidas en varias áreas (tanto en los que sugieren la mejora, como en las personas que identifican las dificultades para la ejecución) y en lo que se refiere al potencial existente que puede no estar siendo aprovechado.

Para cada uno de los tres criterios, los empleados tienen que examinar la sugerencia y profundizar el análisis, como se muestra a continuación:

1- Beneficio: Podemos tener beneficios…

    1.1 Materiales;

    1.2 Operativos (mejorando la velocidad o la calidad de la ejecución);

    1.3 Comportamentales (inductor de buenas prácticas).

2- Economía: Podemos tener ganancias económicas…

    2.1 Por reducción de los costes;

    2.2 Por aumento de los ingresos.

3- Facilidad de implementación: Podemos tener facilidad en la implementación de la sugerencia por…

    3.1 Puesta en práctica en poco tiempo;

    3.2 Simplicidad de los recursos técnicos necesarios;

    3.3 Simplicidad de los recursos materiales necesarios;

    3.4 Simplicidad de los recursos humanos necesarios.

Si cada empleado emitir su dictamen sobre la base de estos tres criterios, simplemente asignando una puntuación de 1 a 5 a cada uno, la toma de decisiones puede fundamentarse no sólo en lo que parecen ser las necesidades de la empresa, sino también en lo que es efectivamente el potencial de la empresa.

A menudo las sugerencias recibidas y analizadas por un único centro decisor están sesgadas por la perspectiva de la sugerencia del analista, y limitadas por la incapacidad habitual del mismo para tener una percepción global sobre la facilidad de aplicación de la sugerencia.

Una sugerencia valorada con BEF (5,5,5) por la mayoría de los trabajadores, y que no registra ninguna clasificación 1 o 2 en los tres criterios, debe tenerse seriamente en cuenta por los responsables de la empresa. Significa que todos los empleados lo consideran una sugerencia **B**enéfica para la organización, **E**conómica y de **F**ácil despliegue sin que nadie diga lo contrario.

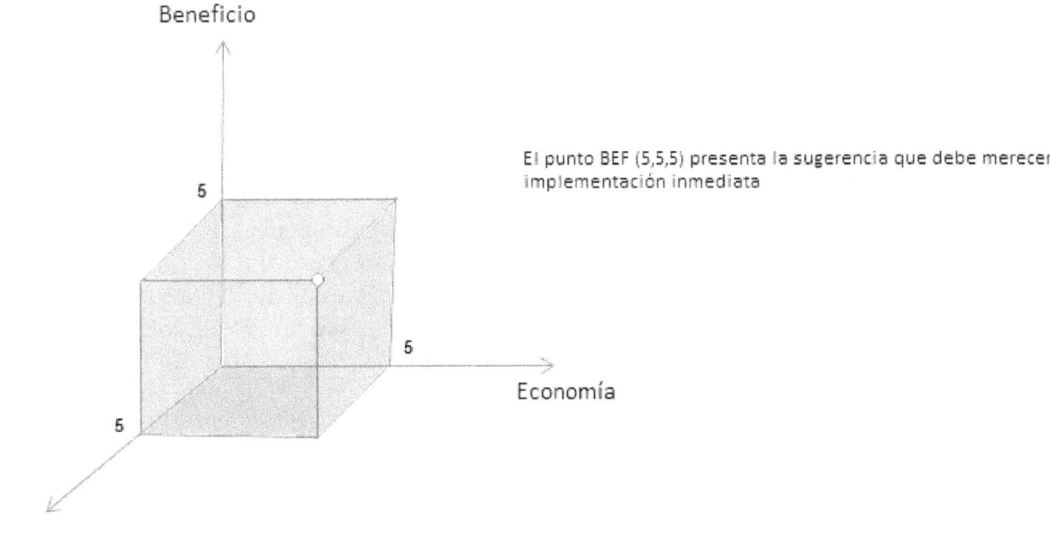

Figura 75 - Simplificación Centrada, criterios

El formulario para la recogida de las sugerencias debe ser lo más sencillo posible, para que su llenado y comprensión puedan ser intuitivos.

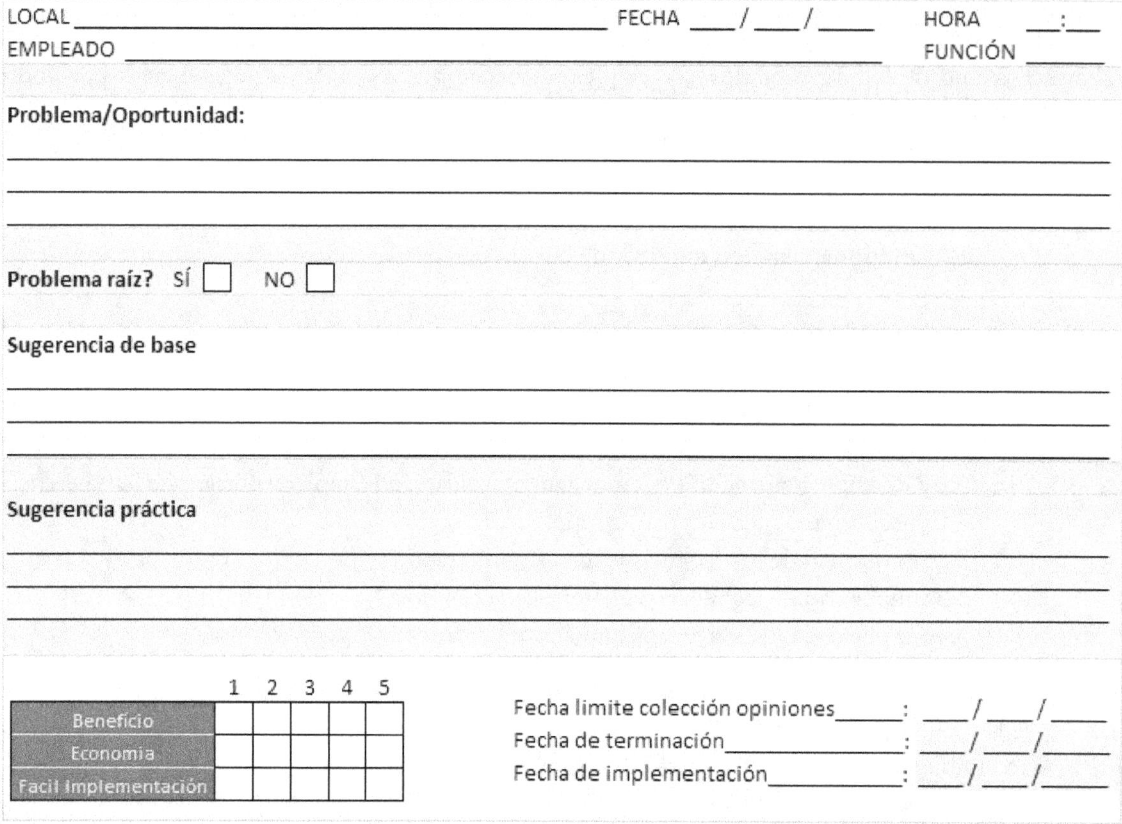

LOCAL __________ FECHA ___/___/___ HORA __:__

EMPLEADO __________ FUNCIÓN ______

Problema/Oportunidad:

Problema raíz? SÍ ☐ NO ☐

Sugerencia de base

Sugerencia práctica

	1	2	3	4	5
Beneficio					
Economia					
Facil Implementación					

Fecha limite colección opiniones______: ___/___/___

Fecha de terminación__________: ___/___/___

Fecha de implementación________: ___/___/___

Figura 76 - Formulario de sugerencia

En esta propuesta, el formulario inicial identifica el empleado que hace la sugerencia, la fecha de la sugerencia, el problema o la oportunidad de que se trata, la base de la sugerencia (o la solución preconizada por el empleado) y la clasificación de los empleados basada en los criterios de Beneficio, Economía y Facilidad de implementación.

Cuando esta propuesta entra en el sistema informático, se activa una alerta para que todos los empleados se pronuncien.

Según las normas establecidas en la empresa, hay una fecha límite para que todos se pronuncien según lo indicado por la "Fecha limite colección opiniones", asegurando que habrá una acción concreta de análisis de la sugerencia en un período de tiempo ya definido.

Típicamente, el cumplimiento de la emisión de dictámenes por los empleados tiene un carácter de obligación a fin de obtener la máxima eficacia de esta herramienta.

Cada empleado irá posteriormente examinar la propuesta y modificarla, añadiendo su perspectiva personal de una manera constructiva, y también señalando su clasificación relativamente a los criterios de focalización sobre los cuales se centra el proceso de simplificación.

El campo de identificación de un problema u oportunidad raíz, es un ayudante para el análisis de la alta dirección de la empresa ya que es importante para evitar la ejecución de dos propuestas de solución al mismo problema, caso estas soluciones sean redundantes entre sí.

Echemos un vistazo a un ejemplo práctico.

LOCAL _____ EP _____ DATA _04_ / _23_ / _2014_   HORA   _10: 30_

EMPLEADO ___José Rodrigues_____   FUNCIÓN _Cond._

Problema/Oportunidad:

_Hay vehículos que se utilizan acompañados con pruebas de seguro que han caducado, mientras la _____

_documentación adecuada está en la sede de la empresa. Se multará la empresa si ocurrir intervención de los __

policiales.

Problema raíz? SÍ ☐   NO ☐

Sugerencia de base

_Le sugiero que obtenga una copia de la tarjeta verde y la ponga en la tapa de los vehículos para que cada _____

_conductor pueda checar la documentación siempre que sentado al volante, por lo que es más fácil que _____

comprobar cada día los documentos oficiales de los autos.

Sugerencia práctica

	1	2	3	4	5
Beneficio			X		
Economía					X
Fácil Implementación					X

Fecha límite colección opiniones_____ : _05_ / _23_ / _2014_

Fecha de terminación_____ : ___ / ___ /_____

Fecha de implementación_____ : ___ / ___ /_____

Figura 77 - Sugerencia 1.1

El funcionario José Rodrigues, con la función de conductor, identifica un problema relacionado con la falta de documentos de seguro de automóvil válido en el interior de algunos camiones de la empresa lo que expone la empresa a la posibilidad de ser multada por la policía por falta de pruebas de seguro válido para exhibir a las autoridades.

Se sabe que los documentos correctos dentro de la validez están en la sede de la empresa, pero se necesita a alguien para ir a las oficinas con antelación para obtener los documentos originales y llevarlos al coche.

Hizo su propuesta de solución para evitar que el problema se extienda una vez que entiende que la mayor dificultad consiste en el hecho mismo de que los conductores tengan una percepción clara de la fecha de caducidad de los documentos que se encuentran en los camiones.

Ha identificado una necesidad de intervención que, cuando resuelta, ayudará a aumentar la rentabilidad de la empresa, evitando los costes asociados con las complicaciones por falta de documentación válida en caso de accidente o de ser interrogado por las autoridades policiales, y siente que está ayudando a mejorar la situación general de la compañía.

Al día siguiente, frente a la sugerencia del Sr. José Rodrigues, el funcionario Diego Costa se limita a clasificar la sugerencia con base en los criterios de focalización.

LOCAL _____EP_____ FECHA _04_ / _24_ / _2014_   HORA ____16: 17_
EMPLEADO __Diego Costa_____   FUNCIÓN _Cond._

Problema/Oportunidad:
Hay vehículos que se utilizan acompañados con pruebas de seguro que han caducado, mientras la
documentación adecuada está en la sede de la empresa. Se multará la empresa si ocurrir intervención de los
policiales.

Problema raíz?   SÍ ☐   NO ☐

Sugerencia de base
Le sugiero que obtenga una copia de la tarjeta verde y la ponga en la tapa de los vehículos para que cada
conductor pueda checar la documentación siempre que sentado al volante, por lo que es más fácil que
comprobar cada día los documentos oficiales de los autos.

Sugerencia práctica

	1	2	3	4	5
Benefício					X
Economia					X
Facil Implementación					X

Fecha limite colección opiniones_____: _05_ / _23_ / _2014_
Fecha de terminación_____: ___ / ___ / ____
Fecha de implementación_____: ___ / ___ / ____

Figura 78 - Sugerencia 1.2

El empleado Diego Costa se ha limitado a aceptar la sugerencia de su colega. Pero John Carter…

LOCAL _____EP_____ FECHA _04_ / _25_ / _2014_   HORA ____08: 00_
EMPLEADO __John Carter_____   FUNCIÓN _Cond._

Problema/Oportunidad:
Hay vehículos que se utilizan acompañados con pruebas de seguro que han caducado, mientras la
documentación adecuada está en la sede de la empresa. Se multará la empresa si ocurrir intervención de los
policiales.

Problema raíz?   SÍ ☐   NO ☐

Sugerencia de base
Le sugiero que obtenga una copia de la tarjeta verde y la ponga en la tapa de los vehículos para que cada
conductor pueda checar la documentación siempre que sentado al volante, por lo que es más fácil que
comprobar cada día los documentos oficiales de los autos.

Sugerencia práctica
Le sugiero que coloque una pegatina en el salpicadero del coche, a la vista, lo que indica la fecha de validez del
seguro del vehículo. Así, tanto los que van a conducir como quién es transportado pueden salvaguardar que la
documentación está en orden y el control es práctico.

	1	2	3	4	5
Benefício					X
Economia					X
Facil Implementación					X

Fecha limite colección opiniones_____: _05_ / _23_ / _2014_
Fecha de terminación_____: ___ / ___ / ____
Fecha de implementación_____: ___ / ___ / ____

Figura 79 - Sugerencia 1.3

John Carter hizo una sugerencia práctica para la mejora de la sugerencia base hecha originalmente por el conductor José Rodrigues.

No estamos frente a límites estrictos de tiempo y tres colaboradores han emitido su opinión sobre un asunto y una posible solución. Se presentó una propuesta constructiva para mejorar la propuesta inicial.

El proceso creativo tiene un lugar para suceder, sucede en el momento adecuado, sin presiones y con condiciones de expresarse el más cercano posible del potencial de creatividad efectivo de la organización.

Cuando hay muchas sugerencias prácticas, los responsables en la empresa por supervisar este proceso intervienen para definir la sugerencia práctica que se entiende que mejor sirve a los intereses de la organización.

El problema es de todos. La solución es también para todos.

Vamos a ver cómo evoluciona un segundo ejemplo práctico.

Louise Kenway, funcionaria del Departamento de Ventas del banco "ABC", considera que la celebración de la Copa del Mundo, en 2014, era una oportunidad para el banco que podría ser explotada.

En consecuencia ha formalizado su sugerencia:

LOCAL	EP	FECHA 11 / 21 / 2013	HORA 14: 18
EMPLEADO	Louise Kenway		FUNCIÓN Sales D.

Problema/Oportunidad:
En 2014, la Copa del Mundo en Brasil nos ofrece una oportunidad de dinamización de nuestra marca sacando algo más del evento.

Problema raíz? SÍ ☐   NO ☐

Sugerencia de base
Por cada 100 mil clientes que hagan depósitos en nuestro banco de entre 01 y 31 Mayo/2014 sorteamos una viaje para dos personas para asistir a la final en Brasil y en la ceremonia de clausura.
Promovemos el lema: "Vale la pena ser cliente" ABC "!

Sugerencia práctica

	1	2	3	4	5
Benefício				X	
Economia				X	
Facil Implementación				X	

Fecha limite colección opiniones_____ : 12 / 21 / 2013
Fecha de terminación_____ : ___ / ___ / _____
Fecha de implementación_____ : ___ / ___ / _____

Figura 80 - Sugerencia 2.1

Tom Peters, del departamento de marketing de la empresa, acostumbrado a presupuestar este tipo de acciones, considera que la idea de la Sra. Louise Kenway es buena, pero en su estado actual carece de aplicabilidad práctica.

Tiene dificultades para presupuestar el proyecto debido a que el número habitual de clientes depositantes durante todo el mes muestra una varianza estadística notable.

LOCAL _____ EP _____ FECHA _11_ / _23_ / _2013_   HORA   _09: 48_

EMPLEADO __Tom Peters_____   FUNCIÓN __Mkt Cs._

Problema/Oportunidad:

En 2014, la Copa del Mundo en Brasil nos ofrece una oportunidad de dinamización de nuestra marca

sacando algo más del evento.

Problema raíz? SÍ ☐   NO ☐

Sugerencia de base

Por cada 100 mil clientes que hagan depósitos en nuestro banco de entre 01 y 31 Mayo/2014 sorteamos una

viaje para dos personas para asistir a la final en Brasil y en la ceremonia de clausura.

Promovemos el lema: "Vale la pena ser cliente" ABC "!

Sugerencia práctica

En mayo de 2014, sorteamos 4 veces por semana para ofrecer à nuestros clientes un viaje para dos personas para

que la gente va a Brasil para asistir a la final y ceremonia de clausura del Mundial/2014.

Así podemos controlar los costos de la promoción sabiendo que debemos salvaguardar 4 viajes.

	1	2	3	4	5
Benefício					X
Economía			X		
Facil Implementación					X

Fecha limite colección opiniones_____ : _12_ / _21_ / _2013_

Fecha de terminación_____ : ___/ ___/ ____

Fecha de implementación_____ : ___/ ___/ ____

Figura 81 - Sugerencia 2.2

Tom Peters expresó su preocupación sobre la necesidad de control de costes y la ejecución operativa. Louise Kenway identificó la oportunidad y sugirió una promoción que garantice un retorno al banco "ABC", que se materializaría en forma de depósitos de clientes.

Con la sugerencia de Tom Peters, se ha ganado en objetividad práctica, con la definición exacta del presupuesto necesario para la promoción, pero, por no mencionar la necesidad de depósitos de los clientes, se perdió el incentivo para retirar un retorno adicional de la promoción.

Mientras Louise Kenway asigna una clasificación BEF(4,4,4), Tom Peters considera BEF(5,3,5).

Cada vez que ocurre una sugerencia práctica sobre la sugerencia base, los responsables en la empresa por el acompañamiento del proceso "SC - Simplificación Centrada" irán redefinir la sugerencia de base, de modo que esta aparezca ya consolidada para clasificación de otros empleados.

Esta acción es importante, ya que retira un mayor provecho de la creatividad latente en la empresa, proporcionando una evolución centrada en tres aspectos fundamentales (beneficio, economía y facilidad de implementación) y sin juicios apresurados emitidos en relación con cualquier tipo de sugerencia, mientras que la alta dirección consolida su percepción sobre las diferentes perspectivas en las que los empleados de la compañía tratan un mismo problema.

La redefinición se basó en la propuesta realizada por los trabajadores con el fin de disfrutar el objetivo de elevar los depósitos de clientes recomendados por Louise Kenway, y mantener el dominio sobre los costos de los proyectos, según lo sugerido por Tom Peters:

Sugerencia de base

De 01 a 31 Mayo/2014 se hará un sorteo por semana entre nuestros clientes que hagan depósitos en el período.

De regalo un viaje para dos personas para ver en Brasil la ceremonia final y cierre del Mundial 2014.

Sorteos a 09, 16, 23 y 30 de Mayo. "Vale la pena ser cliente del banco "ABC "!

Figura 82 - Redefinición de la sugerencia de base

La funcionaria Anna Carmo, de Cityplace, se halló ante una diferente presentación de la sugerencia e hizo así su participación en el proceso.

LOCAL _____Cityplace_____ DATA _12_ / _03_ / _2013_   HORA   _16: 41_
EMPLEADO __Anna Carmo_____   FUNCIÓN _Front O._

Problema/Oportunidad:
_En 2014, la Copa del Mundo en Brasil nos ofrece una oportunidad de dinamización de nuestra marca_____
_sacando algo más del evento._____

Problema raíz? SÍ ☐   NO ☐

Sugerencia de base
De 01 a 31 Mayo/2014 se hará un sorteo por semana entre nuestros clientes que hagan depósitos en el período.
_De regalo un viaje para dos personas para ver en Brasil la ceremonia final y cierre del Mundial 2014._____
_Sorteos a 09, 16, 23 y 30 de Mayo. "Vale la pena ser cliente del banco "ABC "!_____

Sugerencia práctica

	1	2	3	4	5
Benefício					X
Economia					X
Fácil Implementación					X

Fecha limite colección opiniones_____: _12_ / _21_ / _2013_
Fecha de terminación_____: ___ / ___ / _____
Fecha de implementación_____: ___ / ___ / _____

Figura 83 - Sugerencia 2.3

Anna Carmo consideró nada tener que añadir a la sugerencia de base ahora en revisión y se limita a clasificar la sugerencia.

Aunque pueda no lo parecer, es muy importante recoger esta información.

Para Anna Carmo, la idea es muy benéfica, económica y fácil de implementar.

Si la gran mayoría de los empleados tienen el mismo sentimiento y la alta gerencia concluyó que no es factible su implementación, es necesario explicar a los empleados el porqué de su inviabilidad.

Por lo tanto, la alta dirección demuestra su respeto por la opinión de las personas que constituyen la organización, valora su participación y se expresa de acuerdo con lo que son las necesidades reales de la organización.

Si la clasificación general de una sugerencia no es positiva, todos aceptan con naturalidad que la sugerencia no sea factible.

Para concluirse sobre la validación de la sugestión, tenemos que recoger la clasificación de todos los empleados de la empresa (o una gran mayoría - por ejemplo: 90,0% - en los casos en que es imposible garantizar la participación de todos en el momento oportuno cuando las empresas son demasiado grandes), y calcular sus sumatorios.

Por ejemplo, para una empresa con diez empleados, las clasificaciones BEF de una propuesta en particular podrían ser las siguientes:

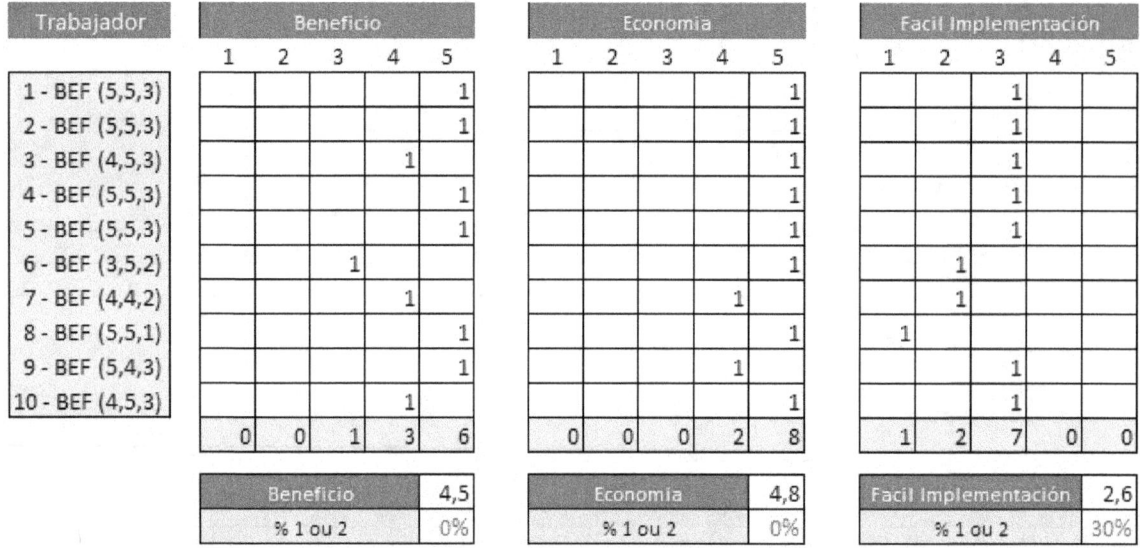

Figura 84 - Calculo BEF

Beneficio = (1 x 0/10) + (2 x 0/10) + (3 x 1/10) + (4 x 3/10) + (5 x 6/10)

Economía = (1 x 0/10) + (2 x 0/10) + (3 x 0/10) + (4 x 2/10) + (5 x 8/10)

Fácil Implementación = (1 x 1/10) + (2 x 2/10) + (3 x 7/10) + (4 x 0/10) + (5 x 0/10)

% 1 ou 2 (Beneficio) = (0+0)/10

% 1 ou 2 (Economia) = (0+0)/10

% 1 ou 2 (Fácil Implementación) = (1+2)/10

En este ejemplo, la clasificación final de la sugerencia sería BEF (4.5; 4.8; 2.6).

Los rangos de valores a verificar para validar una sugerencia dependen de lo que se define por la compañía como "valores mínimos de aceptación."

La empresa puede definir que para valores 1 y 2 en porcentajes superiores a un 20,0% en cualquiera de los criterios de evaluación invalida así la aplicación de la sugerencia.

La empresa también puede establecer como siendo necesario obtener una clasificación global superior a "4" en los tres criterios de selección, para que podamos validar la aplicación de la sugerencia.

Si concluyese con la validación de la sugerencia, el cuarto paso de la metodología respecta a la definición de los términos de implementación de la propuesta, estableciendo su "Tabla de actividades por medida" (ver p. 39), es decir, la definición de cómo, quién, con qué y cuándo va a poner en práctica la sugerencia.

Tabla de Actividades Por Medida

Medidas	Responsable	Actores	Duración	Costos	Cronograma
Medida 1	xyz	...		1500	Set - Nov
Acción 1	jyk	...	2 h		Set
Acción 2	qwe	...	2 h		Out
Medida 2	xyz	...		2000	Set - Dez
Acción 1	abc	...	3 h		Nov
...	...	...			

Figura 85 - Tabla de actividades

El quinto y último paso de la metodología es la adecuada divulgación sobre el proceso, o en el caso de implementación, o en el caso de rechazamiento.

En resumen paso a paso, la metodología es la siguiente:

1° Suponga que cualquier sugerencia debe aplicarse;
2° Crear un procedimiento rápido de recogida y tratamiento de las sugerencias;
3° Someter la sugerencia al análisis de diversas perspectivas con objetividad y apoyado en tres criterios básicos: el beneficio, la economía y la facilidad de implementación;
4° Concluir rápidamente sobre los términos de la aplicación de la propuesta, estableciendo su "tabla de las actividades a la medida";
5° Divulgar adecuadamente las conclusiones sobre el proceso, tanto en el caso de implementación, como en el caso de no implementación.

Nos encontramos en un proceso de involucramiento e integración de todos los elementos de la organización. La apertura que se concede a cualquier empleado para que pueda emitir un dictamen o una recomendación para cualquier área dentro de la organización, hace con que las cosas más simples, que por lo general escapan a los ojos de los responsables directos, puedan evidenciarse. Esto es útil tanto en la solución de problemas como en el aprovechamiento de oportunidades.

En este contexto, la gente en su mayoría orienta su pensamiento hacia la simplificación.

Con el uso de herramientas informáticas, la obtención de ideas dentro de la empresa es muy práctica, rápida y centrada.

Este proceso permite el tratamiento posterior de una amplia gama de sugerencias para la percepción de diversos aspectos organizacionales:

- Donde las dificultades se manifiestan con mayor frecuencia;
- Donde se identifican las oportunidades con mayor frecuencia;
- Que áreas en la empresa se identifican con las principales posibilidades de desarrollo;
- ¿De qué áreas de la empresa se presentan en gran parte las sugerencias y en que plano se plantean: dificultades u oportunidades?

Implementación

Teniendo en cuenta lo anterior, creo que la aplicación efectiva de este proceso en la empresa necesita pasar por la utilización de las herramientas informáticas.

Con la popularización de las hojas de cálculo y cajas de correo electrónico, se puede definir un conjunto de normas y procedimientos para poner en práctica el proceso de la SC - Simplificación Centrada.

El ideal, siendo posible y tal como ya se observa en algunas empresas que buscan recoger sugerencias, será incluso la creación de un programa informático de apoyo que permita profundizar aún más la gestión de la información emergente de este proceso, de modo que la alta gestión de la empresa pueda enriquecer aún más la calidad de sus decisiones.

Mantenimiento

El mantenimiento del proceso de SC - Simplificación Centrada implica una estrecha relación con el SEI - Soporte Estructurado de la Información.

Como hemos visto, la calidad y la eficacia del proceso de SC - Simplificación Centrada dependen de la existencia y aplicación de normas por parte de los funcionario y requieren su participación en la clasificación de las propuestas en un determinado período de tiempo (un mes en los ejemplos anteriores). También requerirá que la implementación de las sugerencias sea cuidadosa, responsable y generadora de responsabilidad, ya que define quién es responsable de qué hacer qué durante todo el proceso.

Rigor y profesionalidad deben existir en la empresa en términos generales y se requiere específicamente para el mantenimiento del proceso de SC-Simplificación Centrada.

Conclusión

Con el proceso de "SC - Simplificación Centrada", además de estructurar la empresa con el fin de impulsar el desarrollo de la creatividad, fruto del resultado de un compromiso personal hacia la mejora continua y la ausencia de crítica negativa, se instala en los empleados el sentimiento de pertenencia a la organización, que se manifiesta con tranquilidad en el presente y confianza en el futuro. Estos sentimientos se convierten en un buen estado de ánimo, que se siente fuera de la organización, y que ayuda a la consistencia de la excelencia en el desempeño a largo plazo.

Este método valora la minoría. Aprecia los que piensan de manera diferente pero que incluso tienen buenas ideas. ¡Y no se las pierde!

Fomenta la comunicación dentro de la empresa a través de un debate constructivo sobre las sugerencias que se examinan.

Se construye un verdadero sentido de unidad y propósito cuando se necesita asistencia mutua en la implementación de acciones.

Se crean las condiciones para que los procesos de cambio sean una constante, aceptados y soportados sobre la base de la estabilidad inherente a la confianza en las relaciones y a la solidez de la organización.

A continuación, compruebe donde se encuentra su empresa...

	Simplificación Centrada				
Nivel 5: Mejorar continuamente	Ya sea ofreciendo sugerencias, o el debate posterior, se generalizan a toda la organización y constructivamente agudizan la creatividad individual y el progreso colectivo.	La complementariedad de las capacidades individuales emerge como el resorte de presentación de sugerencias en el proceso de simplificación y liberación de creatividad.	Los criterios de validación de las propuestas están sujetas a revisión periódica a la luz de la eficacia reportada en el pasado, lo que garantiza atención a criterios de eficiencia.	Cada vez que una propuesta de simplificación, se rechaza o valida, los criterios están adecuadamente revelados, explicados y comprendidos.	Existe en la compañía una búsqueda permanente por la mejora eficiente, atentos a las necesidades de ajuste de la metodología del proceso de SC.
Nivel 4: Centrarse en la fiabilidad	Se fomenta la comunicación dentro de la empresa, a menudo resulta en mejoras significativas en la propuesta inicial.	Hay una renuncia creciente de posición individual en beneficio de la colectividad, y de las diversas posiciones basadas principalmente en el espíritu de entrega a la organización.	La validación o rechazo de propuestas no sólo dependen de la perspectiva individual de un empleado, mientras que hay un respeto y aprecio de las opiniones minoritarias.	Procedimientos para la recolección y el procesamiento de las sugerencias son rápidos y tiempos de procesamiento son conocidos, respetados y efectivos.	Hay un control efectivo sobre la metodología aplicada en el tratamiento de las sugerencias que se garantiza una determinación adecuada del flujo de sugerencias dentro de la organización.
Nivel 3: Modo visual	Se crea un apoyo a la gestión de sugerencias para facilitar la consulta y el acceso general, y alenta su uso para promover la liberación de la creatividad.	Se tiene en cuenta la amplia aceptación de las sugerencias sin juicios manifiestos de valor crítico negativo. Las sugerencias son objeto de debate constructivo dentro de la empresa.	Los procesos de validación de las sugerencias se perciben sin necesidad profunda para explicar por qué una validación o rechazo.	Sugerencias no implementadas no constituyen una fuente de insatisfacción para cualquier miembro de la empresa. Todos están orgullosos de sugerencias implementadas.	La metodología aplicada en el tratamiento de sugerencias está claramente definida en el soporte de información, debidamente publicitado y de fácil consulta por cualquier miembro de la organización.
Nivel 2: Foco en el básico	Se presentan a las sugerencias para la discusión en la empresa, promoviendo la participación de todos, incluso a aquellos que no cosechan los efectos directos de una propuesta determinada.	La compañía alienta a las opiniones disidentes, conscientes de que la creatividad individual debe potenciar el desarrollo colectivo.	El análisis de las sugerencias es integral y basado en criterios y objetivos prácticos, facilitando la validación o la decisión de rechazo desde diferentes perspectivas.	Cualquier sugerencia es digno del mismo trato, independientemente de su origen, hay aprovechamiento de economías de experiencia.	Los principios y los pasos a seguir en la metodología para la recolección, análisis, validación y aplicación de las sugerencias están definidos.
Nivel 1: Empezando	La presentación de sugerencias a la dirección de la empresa por los trabajadores es efímera o inexistente. Cuando aparece, la sugerencia no es objeto de debate dentro de la	En general, se supone que está bien lo determinado por la dirección de la empresa y que cada uno sólo tiene la función de contribuir a la ejecución de lo que se define.	El análisis de las sugerencias que se concentra en poco más de una persona, con una decisión de aplicación sesgada por su perspectiva individual.	Las sugerencias se implementan o rechazan sin involucrar atención a quien hizo la sugerencia y se desaprovecha economías de experiencia.	No hay una metodología para la recopilación, el análisis y la validación de las sugerencias. La aplicación de una sugerencia sigue sólo las reglas de su departamento.
Ponga una marca amarilla indicadora del nivel de rendimiento en cada área SC	**Participación**	**Respeto por las diferencias**	**Objetividad**	**Manejo de Sugerencias**	**Metodología**

Figura 86 - Simplificación Centrada, del nivel 1 al nivel 5

3.0 CONCLUSIÓN

Dinámica, tonalidad y resonancia son conceptos clave en la vivencia de una organización.

Porque respectan a su modo de vida, respectan al propósito de las empresas, a la organización, a la ejecución, a las relaciones humanas, a las emociones y a los sentimientos que allí surgen, bullen y perduran en el tiempo.

Dinámica, tonalidad y resonancia dan significado a una organización.

Los niveles de ejecución dependen mucho de la dinámica de la estructura de la empresa. La tonalidad con la que se hacen las cosas, con más o menos color, con más o menos sonido, con mayor o menor intensidad, sin duda afectará el resultado final.

La resonancia que cada organización puede dar a los acontecimientos que la afectan, ya sean resultados positivos o negativos, determina la capacidad de la empresa para ser ella misma el primer elemento transformador de su éxito.

La cultura de una organización está siempre estrechamente ligada a estos tres conceptos y es única para cada grupo de trabajo.

La gestión de un Equipo, tal como se define en el presente documento en sus aspectos racionales y emocionales, debe potenciar la dinámica, la tonalidad y la resonancia de las acciones de la organización en un contexto positivo.

Cada organización tiene sus propias idiosincrasias en los tres niveles básicos de análisis: habilidades, procesos y personas.

Estas especificidades definen un potencial que debe ser utilizado en su totalidad.

Se construye y consolida el Equipo.

Se construye el "SEI – Soporte Estructurado de Información" para dirigir la conducta, facilitar la comunicación y garantizar la eficacia.

Se construye el proceso de "SF-Simplificación Centrada" para crear las condiciones de Excelencia, uniendo el Equipo y convirtiéndolo en un diamante de creatividad objetiva que a todos beneficia.

Cuando el cambio se realiza a partir de las bases existentes todo se vuelve más fácil. Hay menos resistencia al cambio y una mayor propensión a colaborar en la implementación del cambio.

¡Se hace el cambio con estabilidad!

Fundamentada en los conceptos de Equipo, Soporte Estructurado de la Información y Simplificación Centrada, la dirección de una organización es capaz de evolucionar de una forma controlada, segura y con la confianza necesaria para crear entornos colectivos sanos y positivos, individuales y colectivos.

¿Qué es una buena gestión?

La gestión se detalla en cuatro funciones: planificación, organización, dirección y motivación.

Las funciones de gestión tienen una eficacia secuencial dependiendo las posteriores de la calidad con que sus predecesores se ejecutan en la organización.

De lo contrario, la consistencia del éxito de la organización se verá comprometida.

Gestionar es diferente de controlar.

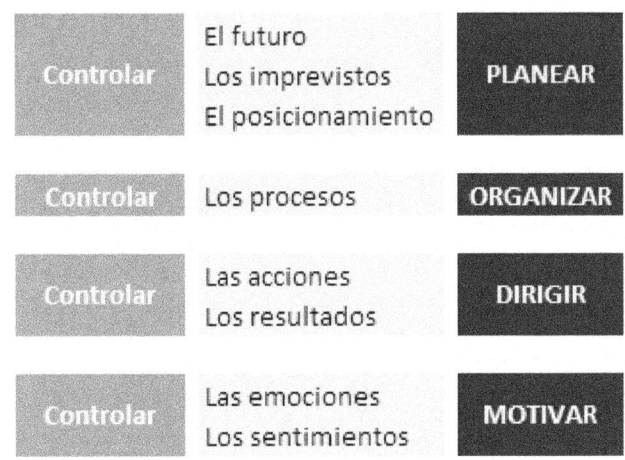

Figura 87 - Gestionar vs controlar

Controlar es una acción que está contenida en las acciones más amplias de planificación, organización, dirección y motivación, pero estos no se agotan en los procesos de control.

¡Es la calidad de la gestión que es relevante!

A lo largo de este libro se ha abordado la cuestión de la gestión en general y del comportamiento organizacional en particular.

Este documento es una introducción a un importante conjunto de conceptos cuyo conocimiento profundo es deseable.

Tiene el mérito de ayudar a los responsables a relacionar los principales conceptos genéricos inherentes a una empresa, y para sensibilizar al lector sobre la importancia de la coordinación entre lo racional y emocional, para el éxito de cualquier organización.

Es deseable que lo lleve a profundizar sus conocimientos dando prioridad a las cuestiones que le ofrecerán los más altos niveles de eficiencia.

Técnicamente, el aspecto racional de una empresa en términos de Estrategia, Estructura y Ejecución puede mejorarse, detalle a detalle, mucho más allá de lo que se afirma aquí.

Lo mismo es cierto con respecto a los aspectos emocionales de la empresa en términos de Comunicación, Compromiso y Ayuda Mutua.

Lo que es particularmente relevante es como simplemente mirando a cualquier organización, sobre las dichas perspectivas, se puede identificar rápidamente las áreas de fortaleza y debilidad para las que hay necesidad de una acción.

El mayor control de la relación entre racional y emocional dentro de la empresa proviene de la objetividad de las acciones de gestión sobre los elementos constitutivos de un Equipo, como se define aquí, consolidándose por el permanente caminar por los pasillos del individual y del colectivo, y entre las líneas de pensamiento convergente y divergente.

La existencia de una estructura física de soporte a la información, que defina claramente las líneas generales de actuación en toda la organización, es fundamental para el funcionamiento al unísono.

El aprovechamiento de las economías de experiencia inherentes al conjunto de personas de la organización es la medida extrema que permite obtener la posición más distintiva frente a la competencia.

La organización que puede hacerlo en términos colectivos no dependerá jamás del nivel de rendimiento de un sólo empleado. Los empleados que se incorporan a una empresa donde su crecimiento profesional es continuo, siempre se sentirán menos tentados a buscar otro empleador.

La excelencia se logra cuando la creatividad individual se pone al servicio de la organización, sorprendiéndose por la positiva.

¡El éxito sólo es pleno cuando es simultáneamente individual y colectivo!

"La simplicidad es la sofisticación extrema."

Leonardo Da Vinci

Anexo

Equipo
SEI – Soporte Estructurado de Información
SC – Simplificación Centralizada

Equipo
  Racional
  Emocional

SEI – Soporte Estructurado de Información
  Principios
  Método

SC – Simplificación Centralizada
  Principios
  Método

Equip
  Racional
    Estrategia
    Estructura
    Ejecución

  Emocional
    Comunicación
    Esfuerzo
    Ayuda mutua

SEI – Soporte Estructurado de Información
  Principios
    Unidad y convergencia
    Seguridad y confianza

  Método
    Identificar las necesidades
    Comprensión de las acciones
    Estandarizar las prácticas
    Gestión de imprevistos

SC – Simplificación Centralizada
  Principios
    Curiosidad y Participación
    Dinâmica e Eficiência

  Método
    Suponga que cualquier sugerencia debe aplicarse
    Crear un procedimiento rápido de recogida y tratamiento de las sugerencias
    Someter la sugerencia al análisis de diversas perspectivas con objetividad y apoyado en tres criterios básicos:
        beneficio, economia y facilidad de implementación
    Concluir rápidamente sobre los términos de la aplicación de la sugerencia
        estableciendo su "tabla de las actividades por medida"
    Divulgar adecuadamente las conclusiones sobre el proceso

Equipo
   Racional
      Estrategia
         ¿Quienes somos?
         ¿Qué se pretende obtener?
         ¿Cuál es la situación?
         ¿Cuál es nuestro plan?

      Estructura
         Componentes
         Grados de libertad
         Solidez

      Ejecución
         Alineación
         Monitoreo
         Resultados
         Errores

   Emocional
      Comunicación
         La buena fe, el respeto, la dignidad
         Intercambio, diálogo
         Habilidades de escucha, de debate constructivo, de encontrar soluciones conjuntas
         Expresión, Interpretación, Entendimiento

      Esfuerzo
         La complacencia, la indiferencia, la falta de motivación
         Felicidad
         Significado, propósito
         La intensidad, la concentración, la objetividad

      Ayuda mutua
         Objetivos comunes
         Confianza, gratitude
         Complejidad de las estructuras jerárquicas

SEI – Soporte Estructurado de Información
      Ventajas
         Formación a medida de las necesidades
         Reducción de costos
         Aumento de la productividad
         Ganancias de comunicación

SC – Simplificación Centralizada
      Ventajas
         Reducción de costos
         Mayor eficiencia operativa
         Mayor capacidad de innovación
         Mayor nivel de excelencia (mayor capacidad de sorprender positivamente)

      Desafíos
         Integración y participación de todos
         Apreciar las sugerencias con objetividad y respeto por las diferencias y sin emitir juicios de valor
         Garantizar que las sugerencias no aplicadas no son causa de problemas
         Desarrollar una metodología

SOBRE EL AUTHOR

José Rodrigues, licenciado en Ciencias Económicas por la Universidad Nova de Lisboa.

Cuenta con una amplia y diversa experiencia profesional, después de haber sido conectado al Banco Nacional Ultramarino SA, Auto Viação Micaelense Ltd., Corretaje FINCOR - Azores, Escuela de Formación Profesional de Ponta Delgada, Compañia de Seguros Mundial Confiança y Compañía de Seguros Fidelidade SA.

Durante tres años, fue responsable de la página de Economía del semanario Expresso das Nove, publicado en Azores (Portugal).

Está conectado actualmente a Compañía de Seguros Allianz.

Esta experiencia profesional le ha permitido la acumulación de experiencia como director de equipo, entrenador/formador y con frecuencia participante en ambientes de discusión constructiva para encontrar soluciones concretas.

Tiene una pasión particular por la dinámica de la estructura organizativa y su impacto multidisciplinario en el medio ambiente: en las personas, en su propia marca y en la competencia.

Considera que la estructuración de una empresa para explorar la creatividad de las personas con quienes se relaciona es absolutamente crucial para garantizar la supremacía de la organización frente a la competencia.

José Rodrigues, 2014

ÍNDICE DE FIGURAS